JN098529

お母さんの賢い贈与

税理士法人 黒木会計

中央経済社

まえがき

1　お母さんが主役の本です

お母さんを主役とした理由は2つあります。

1つ目は，お母さんのほうが子供や孫に熱心に贈与を行っているからです。

2つ目は，お母さんがお父さんよりも，一般的に長生きをされますから，1人残ったお母さんが，仕上げとして「賢く贈与をしていただくために」主役としました。

やがて，子供や孫から「お母さんは賢く贈与をしてくれたよね！」と言われるように，本書により「賢い贈与をしていただければ」幸いに存じます。

2　社会環境の激変

次ページの図表に示すとおり，世の中が大きく変化してきました。

1つ目は，「産業別就業者の変化」としておりますが，戦後76年を経過し，経済が発展したため，第一次産業から第三次産業へ，就業者が増大しました（1項）。

その結果，子供は大都市に集中し，都会で働き，田舎には帰ってこなくなりました。

2つ目は，「人生100年時代」となったことです。

65歳の男女各100人当たりの年齢別生存者数は，95歳まで生存する人が男性では11人，女性では28人に上ります（2項）。

今は人生100年の寿命が普通になってきました。

その結果，親は田舎で自活せざるを得なくなりました。自活の期間

を95歳までとすると，この長期間にわたって，多額の自活資金が必要になってきました。

社会環境の激変「原因と内容」

原　因	内　容
☆産業別就業者の変化	① 田舎での第一次産業では収入が少ない
第一次産業から第三次産業へ	② 田舎では他の仕事がない
	③ 田舎では子育てができない
子供は都会で暮らす	④ 子供は都会で第三次産業に就職して，田舎には帰らない
☆人生100年時代の到来	① 親は田舎で自活せざるを得ない
親は田舎で長期間，自活する	② 70歳までは働いて収入を稼ぐ
	③ 自活は95歳までの長期間になる
多額の自活資金が必要になった	④ 多額の自活資金が必要となるが，「資金」が不足する

3　人生100年時代の新常識（教訓）

　社会環境の激変にともなって，これまでの常識が通用しなくなってきました。それどころか，これまでどおりの常識を続けていますと，老後の自活資金が不足して，お母さんの生存が危ぶまれます。

　例えば，贈与を早期にしたため，お母さんの自活資金がなくなり，子供に「生活資金をください」とお願いする無様なことになります。子供は都会での生活が手一杯であり，親の援助はできないのです。

　この解決策は，「90までは急いで贈与はするな」（教訓１）です。

　教訓２は「70で6,000万円をキープせよ」ですが，国民年金の方は8,000万円以上必要になります（11項）。

教訓　1〜5

教訓	テーマ	内　　容	項目
1	90までは急いで贈与はするな	●95歳までの必要資金を用意しても，早めに贈与すると資金が不足するかもしれません。 ●贈与は，90歳まではストップします。	5
2	70で6,000万円をキープせよ	●単純平均で6,000万円ですから，公的年金により異なります。 ●「資金」を準備してください。	11
3	認知症には「家族信託」で備える	●認知症になると財産の管理や処分ができなくなります。 ●「家族信託」で準備します。	15
4	重病になったら孫や嫁に贈与する	●お母さんの病いが重くなったら，贈与は相続人以外の人（孫・嫁・娘婿・兄弟姉妹）にします。 ●加算規定を外すためです。	53 54
5	資金が余れば大型非課税贈与する	●お母さんがさらに重篤になられ，しかも相続税が多額にかかる場合には，多人数に非課税贈与をして，相続税の節税を狙います。	88

　教訓4と5は出口戦略です。

　90歳までは贈与はストップしていますが，90歳までに，あるいは90歳を超えて，お母さんの体調が悪くなったときの対策です。

　重病と重篤を分けていますが，重病は相続開始前3年以内の加算規定を外すことをイメージしています（**53・54**項）。

　教訓5は大型非課税贈与の活用による相続税の節税です。相続税の課税が少ない場合には必要ではありません。

4　土地の考え方を変える

　7章で述べていますが，不動産の処理について，説明を加えます。

　古来，山林，田，畑は生産手段であり，重要な財産として，親から子供へ承継されてきました。ところが，子供が田舎に帰りませんから承継者がいなくなりました。

　また，田舎の自宅や宅地も同様に，子供が使わなくなりました。

　田舎や都市周辺の不動産は売却もできないものとなっていますから，財産価値がなくなっているのです。

　不動産の1つひとつについて，子や孫の希望を聞きながら承継者を決めてください。誰も要らない不動産は，「無償で処分」したり，「所有権放棄」の段取りを進める必要があります。

　終わりに，本書は税理士法人黒木会計の創業50周年を記念して出版いたしました。出版に当たりましては，中央経済社の杉原茂樹常務取締役，当社スタッフの過部令子さんに多大なお世話をいただきました。この場を借りて感謝の意を表します。

2021年4月1日

税理士法人　**黒 木 会 計**
税理士　**黒木　貞彦**
税理士　**黒木　寛峰**

目　　次

1編　人生100年時代の新常識を構築

1章　贈与ができなくなった

2章　老後の自活資金と必要資金

3章　認知症の人の財産管理

2編 所有財産の処理

4章 所有財産のチェック

5章 宅地の減額特例

6章 相続税の計算

4編 賢い贈与のしかた

12章 民法の定めと贈与のしかた

13章 資金援助をする贈与

14章 相続税を節税する贈与

1編
人生100年時代の新常識を構築

　1章では，「贈与ができなくなった」理由と対策を述べています。

　まず，社会環境の激変を2つの側面からとらえています。

　1つ目は「産業別就業者の変化」です。経済の発展にともない，第一次産業から第三次産業に就業者が大きく変化します。その結果，子供は就業場所を大都会に求めて，就職し家庭を築きます。

　もう1つは「人生100年時代の到来」です。

　この2つの変化により，子供は田舎を離れ大都会に住み，親は田舎で自活せざるを得なくなりました。また，95歳までの自活資金が多額に必要になり，気軽に贈与ができなくなりました。

　1章の結論は「90までは急いで贈与はするな」（教訓1）です。

　2章では「老後の自活資金と必要資金」を計算し，平均値を出しました。その結果は「70で6,000万円をキープせよ」（教訓2）になりました。

　3章では「認知症の人の財産管理」をまとめました。

　長寿者が増加すれば認知症にかかる危険が増大します。認知症になりますと，自分の意思で財産の管理・運営・処分ができなくなります。これからの新常識として「家族信託」が当たり前になります。

　「認知症には家族信託で備える」（教訓3）が結論です。早めに弁護士・司法書士・税理士などに相談され，公証人役場で「家族信託契約」を締結されることをお勧めします。

1 産業別就業者の変化

● 産業別就業者数の推移（第一次～第三次産業）1951年～2019年 年平均 ●

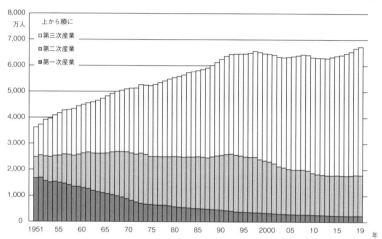

出所：総務省「労働力調査」

● 産業別就業者数の推移（男女計，就業者数計＝6,676万人，2020年平均）●

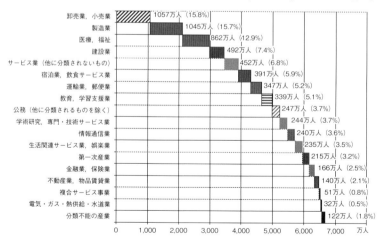

卸売業，小売業	1057万人（15.8%）
製造業	1045万人（15.7%）
医療，福祉	862万人（12.9%）
建設業	492万人（7.4%）
サービス業（他に分類されないもの）	452万人（6.8%）
宿泊業，飲食サービス業	391万人（5.9%）
運輸業，郵便業	347万人（5.2%）
教育，学習支援業	339万人（5.1%）
公務（他に分類されるものを除く）	247万人（3.7%）
学術研究，専門・技術サービス業	244万人（3.6%）
情報通信業	240万人（3.6%）
生活関連サービス業，娯楽業	235万人（3.5%）
第一次産業	215万人（3.2%）
金融業，保険業	166万人（2.5%）
不動産業，物品賃貸業	140万人（2.1%）
複合サービス事業	51万人（0.8%）
電気・ガス・熱供給・水道業	32万人（0.5%）
分類不能の産業	122万人（1.8%）

出所：労働政策研究・研修機構（JILPT）「早わかりグラフでみる長期労働統計」

経済の発展とともに

　一般的に，経済が発展しますと，労働力人口は，物の採取や製造をする部門からサービスを提供する部門に移動し，産業構造が変化していきます。

　左の上の図表で1951年と2019年の就業者を比較しますと，一次産業が激減し，三次産業は大幅に増加しています。わが国の産業も，このように伝統的な一次産業から二次産業へ，さらに三次産業（商業，金融業，サービス業など）へとウエイトが移っています。

田・畑の相続ができない

　下の図表から，2020年の就業者数の合計は6,676万人になります。

　この中で，一次産業は中ほど，215万人の就業者で3.2％の構成比になっています。1960（昭和35）年当時の一次産業の就業者は13.4％の構成比でしたから，4分の1に縮小しています。子供は都市でサラリーマンとなっており，農業の後継者が不在です。

　これが生産手段である田や畑の相続に大きな問題となっています。昔は農業を子供が継いで，親から子へ田や畑が承継されていましたが，今では田や畑は相続する人が不在となっているのです。

人口が大都市に集まる

　国内総生産を経済活動別に見ても，三次産業のウエイトは高まっており，2013年には三次産業の占める割合は74％となっています。

　こうしたサービス産業の多くが大都市に集約され，高収入を得る職場が大都市に集まっています。大都市の大学を卒業して，そのまま大都市の企業に就職するのが一般的になってきました。

　2010年のデータでは，日本の全国の人口の51％が日本の面積の9％の都市圏に集中しています（3項）。

　地方ではより一層，過疎化が進行していきます。

2 人生100年時代の到来

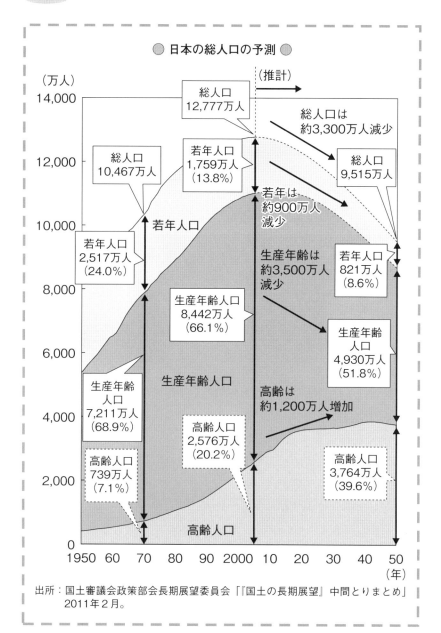

● 日本の総人口の予測 ●

(万人)

総人口
12,777万人

(推計)

14,000

総人口は
約3,300万人減少

総人口
10,467万人

若年人口
1,759万人
(13.8%)

12,000

総人口
9,515万人

若年人口
2,517万人
(24.0%)

若年人口

若年は
約900万人
減少

10,000

生産年齢は
約3,500万人
減少

若年人口
821万人
(8.6%)

8,000

生産年齢人口
8,442万人
(66.1%)

生産年齢
人口
4,930万人
(51.8%)

6,000

生産年齢
人口
7,211万人
(68.9%)

生産年齢人口

高齢は
約1,200万人増加

4,000

高齢人口
2,576万人
(20.2%)

高齢人口
3,764万人
(39.6%)

高齢人口
739万人
(7.1%)

2,000

高齢人口

0

1950 60   70   80   90 2000 10   20   30   40   50

(年)

出所：国土審議会政策部会長期展望委員会「『国土の長期展望』中間とりまとめ」
2011年2月。

> ★2005（平成17）年頃をピークに人口は減少し始めた
> ★2050年に向けて人口が25.5％も減少すると予測される
> ★長寿化により人生100年時代が到来した

人口減少が始まる

　日本の人口は，第2次大戦期を除けば，明治以降ずっと右肩上がり
で増え続けましたが，2005〜2006（平成17〜18）年あたりをピークに
減少し始めました。少子化と積極的に移民を受け入れてこなかったこ
とが主な原因ですが，根本的な原因は解明されていません。少子化は
確実に人口減少をもたらします。

将来予測

　左の図表は，国土審議会が2011（平成23）年2月にまとめた「国土
の長期展望（中期とりまとめ）」によるものです。

　2050年の予測ですが，総人口は3,300万人減少し，9,515万人になり
ます。若年人口も，生産年齢人口も大幅に減少します。

　2050年の（　）内の％は，その年の総人口の構成比を表しています。
高齢人口は39.6％にも達し，約4割は高齢者となっています。

人生100年時代の到来

　1945（昭和20）年，終戦直後の頃には，衣食住が不足し，まともな
食料もない，全国民が貧しい状況でした。

　親子は肩を寄せ合い，親戚や近隣の人たちと励まし合い，助け合い
ながら生活していました。考えてみますと，人間本来の「人間愛に満
ちた」生活でした。

　76年経った今，若者は激減し，仕事を求めて大都市に移動します。
一方，高齢者は，長寿化により人生100年時代を迎えました。

　生活は豊かになり，個人個人が独立し，親と子は別居し，親戚付き
合いは疎遠になり，近隣の人とも交流がなくなりました。

　その結果，人は助け合うという風潮は消え，親は田舎で孤立し，い
やでも自活せざるを得なくなりました。寿命が延びたため，生活費が
多額にかかるようになりました。

3 子供は大都市へ集中する

● 三大都市圏の転入・転出超過数の推移（1954年～2015年）●

　戦後，三大都市圏合計ではほとんどの期間において転入超過となっている。大阪圏，名古屋圏においては，1970年代半ば以降転入超過が鈍化している一方，東京圏においては一時期を除いて引き続き大幅な転入超過が続いている。

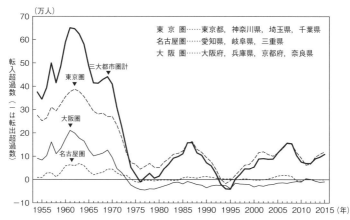

出所：総務省統計局「住民基本台帳人口移動報告2015年結果」

● 三大都市圏および東京圏の人口が総人口に占める割合 ●

　三大都市圏の人口シェアの上昇は今後も続くとともに，その増大のほとんどは東京圏のシェア上昇分となると予測されている。

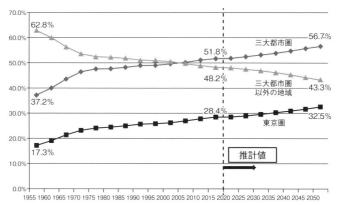

出所：総務省統計局「国勢調査」及び国土交通省「国土の長期展望」中間取りまとめを元に，総務省市町村課にて作成

> ★三大都市圏の地域の面積は日本の国土の９％しかない
> ★三大都市圏の人口は6,613万人で，52％の人口が集中している
> ★子供たちは大都市圏に住居を構えて暮らし，田舎には戻らない

三大都市圏は

　総務省統計局が統計調査のために毎回設定している地域で，「人口50万人以上の市とそれと連接し社会・経済的に結びつく市町村からなる地域」とされています。この三大都市圏の合計面積は約34,000km^{2}となり，全国の面積の９％になります。

　「東京圏」は，埼玉，千葉，東京，神奈川，１都３県にまたがる市町村の連接した地域です。

　「大阪圏」は，京都，大阪，兵庫，奈良，の２府２県にまたがる市町村の連接した地域です。

　「名古屋圏」は，岐阜，愛知，三重の３県にまたがる市町村の連接した地域です。

三大都市圏の人口は

　1960年には，東京では1,684万人，大阪が1,073万人，名古屋が437万人で，この合計は3,194万人，全国人口の33.0％でした。

　2018年には，東京が3,658万人，大阪が1,822万人，名古屋が1,132万人で，この合計は6,613万人，全国人口の52.3％になっています。

　全国面積の９％に全国人口の52％が住んでいることになります。

　要は，子供は仕事を求めて大都市で暮らし続けるのです。なぜなら，田舎での農業だと，収入が少なく，子育てができないので，田舎には戻れないのです。子供は親の面倒を見ることはできないのです。

大都市が便利

　広島は11番目に大きい政令指定都市です。筆者が住む場所は広島駅から徒歩15分の便利なところですが，付近の古くからの住民は，ほとんど高齢者で，その子どもは大都市で暮らしています。広島市内の便利な場所でこのような状況ですから，周辺部や田舎はもっとひどく，若者が不在の街になっています。

4 親は田舎で自活する

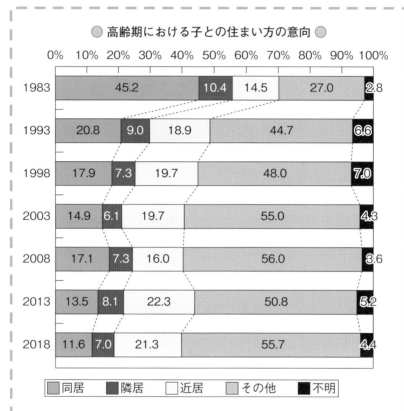

◯ 高齢期における子との住まい方の意向 ◯

年	同居	隣居	近居	その他	不明
1983	45.2	10.4	14.5	27.0	2.8
1993	20.8	9.0	18.9	44.7	6.6
1998	17.9	7.3	19.7	48.0	7.0
2003	14.9	6.1	19.7	55.0	4.3
2008	17.1	7.3	16.0	56.0	3.6
2013	13.5	8.1	22.3	50.8	5.2
2018	11.6	7.0	21.3	55.7	4.4

◻ 同居 ◼ 隣居 ◻ 近居 ◻ その他 ◼ 不明

注）同　居：「子と同居する（二世帯住宅を含む）」
　　隣　居：2008年以前は，「子と同一敷地内，または同一住棟（長屋建・共同住宅）
　　　　　　の別の住宅に住む」2018年は，「子と同じ敷地内の別の住宅に住む，
　　　　　　または同じ住棟内の別の住戸に住む」
　　近　居：2003年以前は，「子のすぐ近く（歩いて10分以内）に住む」＋「子と
　　　　　　同一市区町村内に住む」
　　　　　　2008年以降は，「徒歩5分程度の場所に住む」＋「片道15分未満の場
　　　　　　所に住む」＋「片道1時間未満の場所に住む」
　　その他：2008年以前は，「こだわりはない」＋「子はいない」＋「わからない」
　　　　　　2018年は，「特にこだわりはない」＋「子はいない」＋「その他」

出所：国土交通省「住生活総合調査」（平成30年，平成25年，平成20年），「住宅
　　　需要実態調査」（平成15年以前）

> ★終戦直後の平均寿命は約50歳だったが，今は約80歳になった
> ★親の寿命が延びたため，扶養・医療・介護の問題が急浮上した
> ★親が自活するための資金が新たに必要となってきた

長生きになった

　日本の平均寿命は，1921（大正10）〜25（大正14）年には男性が42.1歳，女性が43.2歳。太平洋戦争直後の1947（昭和22）年には男性が50.1歳，女性が54.0歳を記録して以来急速に延び，2019（令和元）年には男性が81.4歳，女性が87.4歳となり，史上最長を記録しました。

子供と同居は11.6%

　左の国土交通省の「住生活総合調査」のグラフによりますと，1983（昭和58）年では「子と同居する」との回答が45.2%でしたが，2018（平成30）年では11.6%の約4分の1に激減しています。

　約30年の経過で，大きく変化しているのに驚きます。

　そして，「その他」の回答は「特にこだわりはない」＋「子はいない」＋「その他」の集計が，55.7%となっています。

　筆者としても，子供と同居するつもりはありません。

　子供と生活のリズムが異なり，食事や風呂など気をつかいながら生活するのは嫌だと考えています。とはいえ，体が動かなくなるとどうすれば良いか分かりません。老人ホームの研究を開始しておくのが賢明なようです。

老後の自活の問題が発生

　日本は平均寿命が81〜87歳の世界一の長寿国になりましたが，子供は大都市で暮らし，同居しないとなれば，親の面倒を見てはくれません。田舎に残された親は，老後を自活しなければならなくなりました。これは新しい問題の発生で，早急に対策が必要です。

　定年の65歳を過ぎて，年金生活に入り，平均寿命までに，男性は15年間，女性は22年間あります。公的年金だけでは老後の生活費が不足しますから，老後の自活資金を用意する必要が出てきました。高齢社会を迎えて，一段と資金の備蓄が重要になってきます。

5 90までは急いで贈与はするな（教訓1）

● 親の自活期間はおおむね30年 ●

年齢	調査年	平均寿命		変化
		男性	女性	
50歳	1947年 （昭和22年）	50.1歳	54.0歳	
60歳				
70歳		老後30年間の 自活資金が 多額に必要 になった →		贈与する余裕はなくなった
80歳	2019年 （令和元年）	81.4歳	87.4歳	
90歳				

> ★大都市での子供たちは自分の生活に精いっぱい
> ★親の自活する期間はおおむね30年間である
> ★「90までは急いで贈与はするな」（教訓１）

子供は親の面倒がみられない

　日本の人口は少子化により減少し，長寿化の進展により高齢者が増加していきます。

　経済が発展していき，生活が豊かになりますと，より高い収入を求めて，農業から他の産業に就業していきます。

　大都市での子供の生活を考えてみましょう。人口密集地帯でのサラリーマン生活で，住居費は高額ですし，多額の通勤費用がかかります。物価高で生活費は高くつき，孫の教育に多額の費用がかかります。子供たちは自分の生活に精いっぱいで，親の扶養などできる余裕はないのです。子供が意地悪しているわけではないのです。

親が自活する期間

　左の表は単純に平均寿命の延びを比較したものです。

　昔は「人生わずか50年」と言っておりました。1947（昭和22）年，戦後間もない頃は，まさに人生50年でした。男性が50.1歳，女性が54.0歳です。

　それから70年余り経て，2019（令和元）年の平均寿命は，男性が81.4歳，女性が87.4歳になりました。

　大雑把に30年間延びているのです。昔に比べて，30年間分の自活資金が必要となります。

　次の６項で，別の観点から自活する期間を検討します。

「90までは急いで贈与はするな」（教訓１）

　実に長い期間，老後の自活資金をキープする必要があるのです。

　もはや，親としては目先の余裕資金を子や孫に「安易に贈与する」ことは厳禁の時代に突入しているのです。早期に贈与してしまいますと，やがて老後の自活資金が不足して，自分が困ります。

　本書での教訓の第１は「90までは急いで贈与はするな」です。

6 自活資金を準備する期間

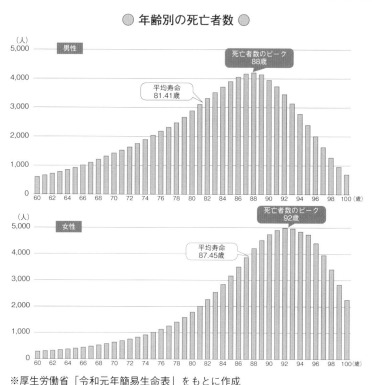

年齢別の死亡者数

男性

死亡者数のピーク
88歳

平均寿命
81.41歳

女性

死亡者数のピーク
92歳

平均寿命
87.45歳

※厚生労働省「令和元年簡易生命表」をもとに作成

65歳の男女各100人当たりの年齢別生存者数

	男性	女性
65歳	100人	100人
75歳	85人	93人
85歳	53人	74人
90歳	30人	54人
95歳	11人	28人

95歳までの
期間の
自活資金が
必要です

※厚生労働省「令和元年簡易生命表」をもとに作成。小数点以下四捨五入
出所：日経MOOK「これだけは知っておきたい 老後の備え」p.17，日本経済新聞
　　出版，2020年

★年齢別死亡者数のピークは，男性88歳，女性92歳である
★65歳100人のうち，95歳まで生きた人は男性11人，女性28人
★老後の自活資金の必要期間は30年間とした

年齢別死亡者数

　左の上の図表2枚は厚生労働省「令和元年簡易生命表」をもとに作成したもので，年齢別の死亡者数をグラフ化したものです。死亡者数のピークは男性が88歳，女性が92歳となっています。このピーク時の年齢は，ともに平均寿命の男性81.4歳，女性87.4歳よりも，男性が6.6歳，女性が4.6歳長くなっています。

年齢別生存者数

　下の図表も厚生労働省の資料から作成したものです。

　65歳まで生きた人100人が，その後の「年齢ごとに何人生存しているか」の人数を示しています。

　90歳まで生きた人が男性では30人，女性では54人にのぼります。

　95歳まで生きた人は男性では11人，女性では28人に達します。

　今は人生100年といわれますが，100歳までの長寿は当たり前の時代になりそうです。

　一応の線引きをするとして，95歳までとします。上記のとおり，95歳でも男性で11人，女性で28人は生存しておられますから，その後も生活費，老人ホームの費用などが必要です。

30年間の自活資金

　65歳まで働き，95歳まで生きると仮定しますと，老後の自活資金が必要な期間は30年間ということになります。

　前の5項で，50歳から80歳へと，平均寿命の延びで計算しましたが，同じ30年の期間になりました。

　各人の命のことですから誤差は間違いなく生じますが，本書では，一応の目安として95歳まで生存するものとして，以下2章では必要資金を計算します。

7 おふたりの老後の生活費の目安

◉ おふたりのライフプラン ◉

	70歳		85歳	90歳	95歳
お父さん	お元気　15年		在宅介護	老人ホーム	

	65歳			85歳	90歳	95歳
お母さん	お元気　20年			在宅介護	老人ホーム	

※お父さんは70歳まで働いて給与収入を得るものとします。
　年金受取額は生活費に充てます。
　在宅介護は5年間，老人ホームも5年間とします。

◉ 90歳になるまでの生活費合計 ◉

① おふたり分

@25万円×12ヵ月分＝300万円
300万円×20年間＝6,000万円

② お母さん　おひとり分（在宅介護期間5年間）

@20万円×12ヵ月分＝240万円
240万円×5年間＝1,200万円

①＋②＝ おふたり分合計　7,200万円

※老人ホームに入居中は，老人ホーム費用の中に生活費は含まれていますので，
　入居中は生活費はかかりません。

> ★生活費は各家庭で千差万別，各自で計算するのが正解である
> ★生活費月額はおふたり分25万円，おひとり分20万円とした
> ★おふたり分の生活費合計は7,200万円になった

生活費は千差万別

　生活費は各家庭によって，大きな差異があります。その家庭の方針，住まいの地域の環境，住宅の大きさ，住宅設備状況，生活水準，お付き合いの程度，趣味，生きがい等々異なっていますから，とても平均値を出すことはできません。個別の家庭で，独自に計算していただく必要があります。

　家計簿を管理している人には現在の生活費の把握はできますが，家計の管理をしていない者にはサッパリつかめません。奥様に問い質して，多いだの少ないだの夫婦げんかはしないでください。男にはわからない費用があるものです。現実は現実として直視するべきです。

おふたりのライフプランの設定

　お父さんとお母さんの年齢差を5歳としました。お父さんを70歳とし，お母さんを65歳と設定しました。

　お父さんは70歳まで働いて給与収入を得るものとし，その間は給与収入と年金受取額で生活費の不足金は生じないものとします。

　在宅介護の期間を平均値から5年間とします。在宅介護の5年間は生活費が必要です。

　在宅期間の後の5年間は老人ホームに入所します。老人ホーム入所中の生活費は老人ホーム費用に含むものとしています。

生活費の計算期間

　おふたりの生活費の計算期間を20年間としています。お母さんは，在宅介護期間5年分の生活費を別に計算し加算しています。

　生活費月額はおふたり分25万円，おひとり分20万円としました。生活費合計は7,200万円となります。ほかに，介護費用，老人ホーム費用など支出を集計し，年金受取額を差し引き不足金を計算します。

8 介護と医療費の目安

● 介護の期間と費用の平均 ●

① 期間の平均　　　　　　　54.5ヵ月（4年7ヵ月）

② 介護費用の月額平均　　　7万8千円

③ 介護の一時的な費用合計　69万円

※生命保険文化センター「平成30年度生命保険に関する全国実態調査」より

● 医療費の負担額 ●

① 医療費の自己負担額
　　65～94歳の合計　　　　233万円

② 入院した場合の自己負担額
　　月5.76万円×10ヵ月分　57万6千円

※厚生労働省「平成29年厚生労働白書」より

● 介護と医療費の目安（上記合計）●

介護費　約8万円×55ヵ月＋69万円＝約509万円

医療費　233万円＋57万6千円＝約291万円

合計　800万円

出所：日経MOOK「これだけは知っておきたい 老後の備え」p.94，日本経済新聞
　　　出版，2020年

★介護の期間の平均は55ヵ月，費用は509万円である

★医療費の自己負担額合計は291万円である

★介護費用と医療費の目安は800万円になる

　左のデータは　日経MOOK「これだけは知っておきたい老後の備え」に掲載されているものの要約です。発言者は社会保険労務士，ファイナンシャルプランナーの井戸美枝先生です。

介護の期間と費用の平均

　介護に必要な費用は，実際には千差万別ですが，一応の目安を提供するために，介護にかかる期間と費用の平均によって計算をします。

　データは生命保険文化センター「平成30年度生命保険に関する全国実態調査」のものです。

　これによりますと，左の上のとおり，介護期間は，54.5ヵ月（4年7ヵ月）。介護にかかった費用の月額平均は7万8千円です。

　それに，在宅介護の場合には，住宅の改修や，介護用ベッドの購入など，初期段階でかかる費用があり，この平均額は69万円となっています。

医療費の負担額

　左の中ほどのデータですが，厚生労働省「平成29年厚生労働白書」のものです。

　年齢階級別にかかっている「医療費の負担額の年額」をもとにした「65歳から94歳まで」の医療費の合計額は，233万円になります。

　そして，入院した場合の70歳以上の自己負担額の上限は57,600円で10ヵ月入院したとすると，57万6千円になります。

介護と医療費の目安

　上記の個別のデータを集計すると左の図表の下の段のとおり，合計額は800万円になります。

　今後，医療保険料や介護保険料の引上げや，高齢者の自己負担額も1割から2割，3割へと上がることが予想され，負担額が増加傾向にありますから注意すべきです。

9 老人ホームの費用の目安

● 介護付き住宅・施設の概要 ●

	入居者の要介護度	入居時の費用	毎月の費用	特徴
特別養護老人ホーム	高（要介護3以上）	なし	安	原則として要介護3以上の人が対象。入所待ちの待機者が多く，すぐには入所できないことがある
老人保健施設	軽〜中	なし		リハビリのための施設。原則として3ヵ月または6ヵ月で退所する
介護医療院	高	なし		要介護度が高く，医療的ケアが必要な人のための施設
認知症対応型グループホーム	軽〜中	なし／あり		認知症の人が数人のユニットでスタッフとともに共同生活を送る。要介護度が高くなると退去しなければならないこともある。
介護付きケアハウス	軽〜中	なし／あり		介護スタッフが常駐している高齢者向けの住まい。施設数は少ない
介護型サービス付き高齢者向け住宅	軽〜中	あり		
介護付き有料老人ホーム	軽〜高	なし／あり	高	都市部では数が多い。施設によってかかる費用に大きな差がある

出所：日経MOOK「これだけは知っておきたい 老後の備え」p.53, 日本経済新聞出版，2020年

老人ホームの費用の目安（おひとり分）
月額30万円×12ヵ月×5年＝1,800万円

> ★「特養」は難しく，「サ高住」か「老人ホーム」になる
> ★「サ高住」と，「老人ホーム住宅型」は，介護費用が別にかかる
> ★「老人ホーム介護付き」は平均月額30万円とした

「特養」には入所し難い

特別養護老人ホームを「特養」と略称します。特養は全国7,000ヵ所以上あり，介護職員が24時間体制で常駐する公的施設の色合いが強い施設です。入居一時金もなく利用料金も安い施設ですが，行政の財政難から，新設が抑えられています。入所できない「待機者」がいます。今後は要介護3以上の人に入所を制限する動きがあり，入所はかなり困難です。

「サ高住」は主に住居の提供

「サ高住」は，「サービス付き高齢者向け住宅」を略称したものですが，多くは民間企業の経営です。昼間の安否確認サービスや生活相談のサービスを提供するもので，家賃，共益費を含め，月額13〜25万円程度です。介護サービスは外部の業者を利用することになり，自己負担がかかります。ただ，約40％のサ高住では訪問介護事業所を併設しています。

「有料老人ホーム」

民間企業が主流の有料老人ホームには，「介護付き」と「住宅型」の2つのタイプがあります。「住宅型」は「サ高住」とほぼ同様です。「介護付き」は入居者の要介護度に応じて一律の費用を支払い，ホーム職員が包括的に介護を行うものです。

有料老人ホームに入居するのに，一時金を支払う方式のものがあります。例えば，入居一時金880万円（初期償却30％，残りを60ヵ月で均等償却），月額費用245,000円のケースでは，8年間利用した場合は3,232万円になります。一時金なしの場合には，月額が419,000円となり，約4,023万円になります。

費用の目安は，平均月額30万円×12ヵ月×5年間＝1,800万円として計算しています。

10 公的年金受取額の比較

● 公的年金等の平均受取額（月額）●

国民年金	(a) 55,615円	夫婦2人分の単純計算	
厚生年金		夫婦とも会社員	268,694円
男性	(b)165,668円	会社員と専業主婦	221,283円
女性	(c)103,026円	夫婦とも国民年金	111,230円

出所：一般財団法人年金住宅福祉協会HP「くらしすとEYE」より

● 95歳までの公的年金受取額の合計 ●

年金区分	計 算 の 内 訳	合 計
夫 婦 と も 会社員	おふたり分 268,694円×12ヵ月×25年＝8,060万円 母 103,026円×12ヵ月×5年＝618万円	8,678万円
会社員 と 専業主婦	おふたり分 221,283円×12ヵ月×25年＝6,638万円 母 55,615円×12ヵ月×5年＝333万円	6,971万円
夫 婦 と も 国民年金	おふたり分 111,230円×12ヵ月×25年＝3,336万円 母 55,615円×12ヵ月×5年＝333万円	3,669万円

　左の年金受取額のデータは，一般財団法人年金住宅福祉協会のHP「くらしすEYE」の掲載を引用しています。

年金の平均受取額

　左上のデータは2018（平成30）年12月に厚生労働省から報告された「平成29年度厚生年金保険・国民年金事業の概況」によるものです。

　(a)　国民年金の平均受取額…………　55,615円

　(b)　厚生年金男性の平均受取額……165,668円

　(c)　厚生年金女性の平均受取額……103,026円

　上記の３つのデータにより，夫婦２人分の平均受取額を次のように計算しました。これが上の表の右側の数字です。

　①　夫婦とも会社員で，厚生年金加入者の場合　(b)+(c)=268,694円

　②　会社員と専業主婦の場合　(b)+(a)=221,283円

　③　夫婦とも国民年金の場合　(a)+(a)=111,230円

95歳までの年金受取額の合計

　7項のおふたりの老後のライフプランに従って，左の下の表を作成しています。

　お父さんは70歳から95歳まで，お母さんは65歳から90歳まで25年間の受取りになります。そして，年齢差が５歳ありますからお母さんは90歳から95歳まで５年間１人分の受取額があります。

　このとき，お父さんが亡くなられた後の遺族厚生年金の受取額がありますが，この表には加算しておりません。

実際の受取額を確認すること

　年金の受取額は千人いれば千人異なります。それは国民年金の加入月数，厚生年金の加入月数，厚生年金加入中の標準報酬，受給開始年齢が各人異なっていますから，全員が同じではありません。

　実際の受取額に置き換えて，上記の項目の計算をしてください。

11　70で6,000万円をキープせよ(教訓2)

● 95歳までに必要な自活資金の計算 ●

生活費	（7項）	7,200万円
介護・医療費	（8項）	1,600万円
老人ホーム	（9項）	3,600万円
自活資金合計	（A）	12,400万円

● 必要資金の計算 ●

自活資金	年金区分	年金受取額 （10項）	必要資金 自活資金－年金受取額
上の表 12,400万円 （A）	夫婦とも 会社員	8,678万円	3,722万円
	会社員と 専業主婦	6,971万円	5,429万円
	夫婦とも 国民年金	3,669万円	8,731万円

※必要資金（3,722万円＋5,429万円＋8,731万円）÷3の単純平均は約6,000万円

> ★95歳までの自活資金は1億2,400万円になる
> ★「自活資金合計」－「年金受取額」＝老後の「必要資金」
> ★70で6,000万円をキープせよ（教訓２）

95歳までの自活資金

　６項で自活資金を準備する期間を検討しました。長寿社会の到来で80歳代の平均寿命を15年も超える95歳までの自活資金を計算しました。95歳を迎えても，男性は11人，女性は28人も生存しておられ，生存率は20％です。これ以上に自活資金が必要なのです。

　左の上の表で，生活費，介護・医療費，老人ホームの費用の自活資金合計（A）は12,400万円になります。

老後の必要資金

　「自活資金－年金受取額＝必要資金」と考えています。

　年金受取額が各人で大きな差があるため，必要資金も大幅に差額が生じます。計算結果は下の表のとおりです。

　2019年頃に，老後の資金は2,000万円不足すると物議を醸しましたが，それどころではありません。この大きな差異は計算期間が30年間と長期に及んだためです。

　この数値は１つのタタキ台であり，あくまで１つのモデルケースですから，各家庭で見直す必要があります。

70で6,000万円をキープせよ（教訓２）

　１章の終わりの５項の教訓の第１で，「90までは急いで贈与はするな」と述べましたが，この２章の終わりの11項では，教訓第２として，「70で6,000万円をキープせよ」になります。

　つまり，多額な老後の「必要資金」＝「不足資金」が必要ですから，お母さんとしては，とにかく95歳までの「老後の必要資金」をキープすることです。70歳時点の「必要資金」は，左下の表の「必要資金」の３つを単純平均した6,000万円が目安になります。

　早めの贈与をやめて，手持ちの資金を温存しながら生活し，90歳まで資金が足りたら，それから贈与を検討しましょう（88項）。

12 5人に1人の認知症になったら

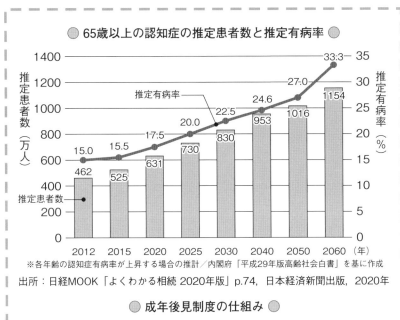

● 65歳以上の認知症の推定患者数と推定有病率 ●

※各年齢の認知症有病率が上昇する場合の推計／内閣府「平成29年版高齢社会白書」を基に作成

出所：日経MOOK「よくわかる相続 2020年版」p.74，日本経済新聞出版，2020年

● 成年後見制度の仕組み ●

成年後見制度＝認知症等で判断能力が衰えてきた人を守るためにできた制度

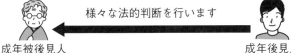

様々な法的判断を行います

成年被後見人　　　　　　　　　　　　　　成年後見人

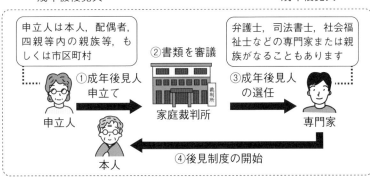

申立人は本人，配偶者，四親等内の親族等，もしくは市区町村

弁護士，司法書士，社会福祉士などの専門家または親族がなることもあります

①成年後見人申立て　②書類を審議　③成年後見人の選任

申立人　　家庭裁判所　　専門家

④後見制度の開始

本人

出所：黒田泰・清田幸弘・森田雅也・妹尾芳郎・石脇俊司『生前対策まるわかりBOOK』p.98，青月社，2019年

24　1編　人生100年時代の新常識を構築

> ★認知症患者が5人に1人と推計されている
>
> ★認知症患者を守るため「法定後見人」が選任される
>
> ★「法定後見人」は弁護士，司法書士，社会福祉士などを選任

認知症患者が急増中

　左の上のグラフは，内閣府「平成29年版高齢社会白書」を基に作成された「各年齢の認知症が上昇する場合の推計」です。

　2025年には，65歳以上の推定患者数は730万人に達し，推定有病率は20％となって，5人に1人が認知症と推計されています。

成年後見制度の目的

　認知症・知的障害，精神障害などの理由で判断能力が不十分な人は，不動産や預貯金などの財産を管理したり，介護サービスやその他施設等への入所に関する契約を結んだり，遺産分割の協議をしたりする必要があっても，自分でするのが難しい場合があります。

　また，自分に不利益な契約があっても，正しい判断ができずに契約を結んでしまい，悪徳商法の被害に遭うおそれもあります。

　このような判断能力の不十分な人を保護し，支援するのが成年後見制度です。

法定後見制度概要

　法定後見制度の対象となる人は，次の3つに区分されています。

　「後見」は判断能力が欠けているのが通常の状態の人です。

　「保佐」は判断能力が著しく不十分な人です。

　「補助」は判断能力が不十分な人です。

　このような人を守るために，左の図表のとおり，成年後見人（保佐人，補助人）を家庭裁判所で選任してもらい，成年後見人（本人）の代理人としてさまざまな法的判断を行うシステムになっています。

　申立人は，本人，配偶者，四親等内の親族，検察官，市町村長などに限定されています。

　成年後見人は，親族がなることもありますが，通常は弁護士，司法書士，社会福祉士などの専門家が選任されます。

13 認知症になる前に任意後見人を選ぶ

● 任意後見契約と相続 ●

事項	契約の成立から終了までの過程
契約の成立	①委任者（本人）と任意後見受任者との間で，公正証書によって任意後見契約を締結する。
登記	②公証人が，登記所に対して，任意後見契約の登記を嘱託する。
	③本人が，精神上の障害により合理的な判断を下す能力が不十分になる。
	④本人，配偶者，四親等内の親族または任意後見受任者が，家庭裁判所に対して，任意後見監督人の選任を申し立てる。
契約の効力が発効	⑤家庭裁判所が任意後見監督人を選任する。任意後見受任者は，任意後見人となる。 ※なお，任意後見監督人が選任される前は，本人または任意後見受任者は，いつでも公証人の認証を受けた書面によって，任意後見契約を解除することができる。
	⑥任意後見人による委任事務の遂行と任意後見監督人による監督が行われる
契約の終了	⑦任意後見契約の終了 1．任意後見人の解任 2．解除 3．本人が後見開始の審判を受けた時 4．本人の死亡，任意後見人の死亡や後見開始の審判を受けた時

出所：深代勝美編著『【改訂2版】ゼロからはじめる相続 必ず知っておきたいこと100』p.65，あさ出版，2020年

> ★法定後見人は，財産を守ることが使命で，小回りがきかない
> ★任意後見人は，母が認知症になる前に選任する
> ★任意後見契約の締結時に代理権目録を作成する

法定後見人の仕事

　法定後見人の使命は，被後見人（母）の財産を他人から守り，管理する，ことです。たとえ家族であっても，勝手に被後見人である母（以下，母という）の財産を運用したり，処分したりすることはできません。法定後見人が一度選任されたら，原則として母が死亡するまで継続し解任することはできません。ましてや，法定後見人に毎月報酬の支払いが，母が死亡するまで続きます。

　特に，平均寿命が伸び続けている昨今，認知症になってから亡くなるまでの期間も長くなっており，家族にとっては，なおさら使い勝手が悪いものになっています。

任意後見人の選任

　任意後見制度は，将来の後見人の候補者を本人があらかじめ選任しておくものです。任意後見は契約の成立から終了まで左の図表のとおりです。契約には公証役場の公正証書で結んでおくことが必要です。

　この制度のメリットは，本人の意思で信頼できる人を後見人にできることです。認知症などになった場合の生活のあり方について，できるだけ自分のことは自分自身で決定しておきたいという人に向いています。また，遺言と合わせて利用することにより，本人の意思に沿った確実な資産承継が可能になります。

代理権目録を作成

　契約の締結時に代理権目録を作成し，そこに印鑑の保管から不動産取引，預金の引き出し，年金の受領，生活費の送金，病院との入院契約，介護契約，要介護認定の申請などを記載しておけば，代わって行ってもらうことが可能です。なお，任意後見契約は，弁護士，司法書士など家庭裁判所で選任された任意後見監督人が必要で，任意後見監督人が選任されたときから効力を生じます。

14 これからの主流「信託の基本」

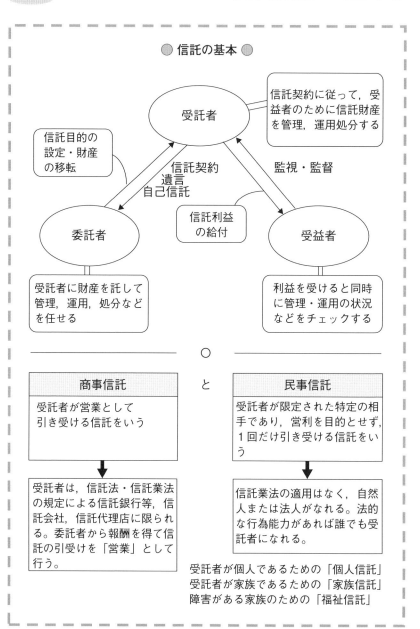

● 信託の基本 ●

受託者

信託契約に従って，受益者のために信託財産を管理，運用処分する

信託目的の
設定・財産
の移転

信託契約
遺言
自己信託

監視・監督

委託者

信託利益
の給付

受益者

受託者に財産を託して
管理，運用，処分など
を任せる

利益を受けると同時
に管理・運用の状況
などをチェックする

○

商事信託	と	民事信託
受託者が営業として 引き受ける信託をいう		受託者が限定された特定の相手であり，営利を目的とせず，1回だけ引き受ける信託をいう

受託者は，信託法・信託業法
の規定による信託銀行等，信
託会社，信託代理店に限られ
る。委託者から報酬を得て信
託の引受けを「営業」として
行う。

信託業法の適用はなく，自然
人または法人がなれる。法的
な行為能力があれば誰でも受
託者になれる。

受託者が個人であるための「個人信託」
受託者が家族であるための「家族信託」
障害がある家族のための「福祉信託」

> ★信託は，委託者，受託者，受益者の三者の契約である
> ★商事信託の受託者は，認可・免許・登録の金融機関等である
> ★民事信託の受託者は，行為能力があれば誰でもなれる

委託者・受託者・受益者とは

信託のしくみは左の図表のとおりです。

委託者とは，信託設定により，自分が所有する財産を受託者に移転して，受託者に管理，運用，処分を任せる人のことをいいます。

受託者は，委託者との信託設定に従って，受託者となった人をいいます。受託者は委託者の所有する財産の所有権を取得し，受益者のために，管理，運用，処分をする人のことをいいます。

受益者は，収益受益権と元本受益権を委託者から債権譲渡を受けているものと筆者は考えています。

収益受益権は，受託者が管理，運用した収益を受け取る権利です。元本受益権は信託の終了時に元本を受け取る権利です。

そして，受益者は，受託者の管理，運用の状況などを監視，監督する権限を持っています。

商事信託とは

左の図表のとおり，商事信託とは，信託の受託者を業として不特定多数の者から引き受ける信託です。この場合の受託者は信託法だけでなく，信託業法の厳格な規制に服します。信託を業とする「信託業」は，委託者から報酬を得て信託の引受けを「営業」として行うことです。信託業を営む信託銀行等，信託会社，信託契約代理店は図表のとおりです。

民事信託とは

民事信託とは信託の受託者が限定された特定の者を相手として，営利を目的とせず，継続反復的でなく，1回だけ引き受ける信託です。

個人または中小企業の経営者の意図を実現するため，委託者と受託者の間で独自の信託契約を締結し，コストを抑えつつ，信託のメリットを生かすことができます。

15 認知症には「家族信託」で備える（教訓3）

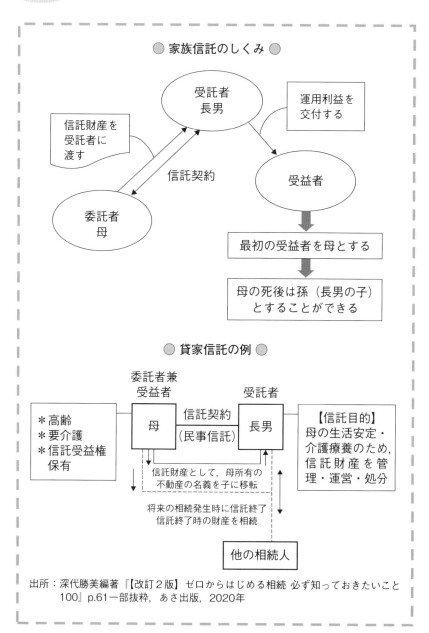

● 家族信託のしくみ ●

受託者
長男

運用利益を
交付する

信託財産を
受託者に
渡す

信託契約

受益者

委託者
母

最初の受益者を母とする

母の死後は孫（長男の子）
とすることができる

● 貸家信託の例 ●

委託者兼
受益者

受託者

＊高齢
＊要介護
＊信託受益権
　保有

母

信託契約
（民事信託）

長男

【信託目的】
母の生活安定・
介護療養のため,
信託財産を管
理・運営・処分

信託財産として，母所有の
不動産の名義を子に移転

将来の相続発生時に信託終了
信託終了時の財産を相続

他の相続人

出所：深代勝美編著『【改訂2版】ゼロからはじめる相続 必ず知っておきたいこと
　　　100』p.61一部抜粋，あさ出版，2020年

> ★認知症には「家族信託」で備える（教訓３）
> ★「受益者」を生前は母，死後は特定の「相続人」に指定できる
> ★信託財産は「預金の管理」「不動産の売却」「不動産の貸付」

認知症には「家族信託」で備える（教訓３）

　近年，脚光を浴びているのが　左上の図解の「家族信託」です。これは図解の三角型の頭に書いている「受託者」を信頼する家族（長男）とし，左下の「委託者」である母が，元気なうちに，母の財産の管理の運用を託すしくみです。

　例えば，認知症などに備えて，母が所有する自宅と預貯金の管理・運用などを長男に託します。その運用収益（利益）は母が受益者としてもらう「家族信託契約」を結びます。認知症対策に最適です。

相続後の処分が指定できる

　そして，優れている点は，母の生前は「受益者」を母とし，母の死後は，例えば，孫に指定することもできます。そのときどきの売却収入や運用収益を受益者が受け取ることができます。

貸家信託のしくみ

　「貸家」とは一戸建ての賃貸物件のイメージですが，賃貸アパート，賃貸ガレージ，賃貸マンション，貸ビルなど含めて考えてください。

　下の図表は，「母が所有する土地と貸家を長男に家族信託するケース」を示したものです。この設定は次の内容です。

　受託者である長男Ｂ氏の具体的な業務は貸家の入居者募集や管理・修理などのほか，家賃収入の預金口座を設けて，家賃収入の受入，固定資産税・管理費の支払などを行います。

　母は「受益者」として運用収益を毎年受取ります。

　この場合，家族信託設定時は，「委託者」が「受益者」となっていますから，不動産の名義が長男に移転しても譲渡所得税や贈与税の課税は生じません。

　信託終了時には，長男（または他の相続人）が相続すれば長男（または他の相続人）に相続税が課税されます。

16 「金銭信託」と金融機関の商品

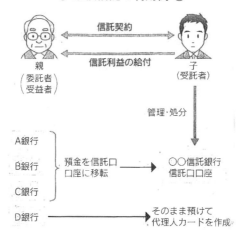

● 家族信託の利用例 ●

親
（委託者）
（受益者）

信託契約

信託利益の給付

子
（受託者）

管理・処分

A銀行
B銀行
C銀行

預金を信託口
口座に移転

○○信託銀行
信託口口座

D銀行

そのまま預けて
代理人カードを作成

出所：日本経済新聞「学んでお得」2020年12月26日

● 金融機関の認知症対応商品 ●

銀行名	商品名	おもな内容
三菱UFJ信託	つかえて安心	代理人（家族）が払い出しでき，その内容が他の家族にもスマートフォンで通知される
三井住友信託	人生100年応援信託（100年パスポート）	手続代理人の請求によって，医療，介護，住居に関する費用を払い出せる
みずほ信託	認知症サポート信託	手続代理人の請求によって，本人の介護費・医療費を銀行が医療機関等へ直接支払う
りそな	マイトラスト	受取人に指定した家族が医療・介護などの費用を払い出せる

出所：日経MOOK「よくわかる相続 2020年版」p.74，日本経済新聞出版，2020年

> ★母の預金口座をそのまま信託することはできない
> ★受託の信託口座を作成するには，銀行との事前交渉が必要
> ★信託した受益権を相続した受益者に相続税が課税される

預貯金は新しい口座に移す

　金融機関に預金しますと，預金者は金融機関に対して，「預金した金銭を引き出す権利」＝「預金債権」を有します。

　その預金債権について，預金規定や預金約款では，「預貯金債権は第三者に譲渡できない」と記載されています。そのため，「母の預金口座」を信託することはできません。預金となっている金銭を信託する場合，母の預金を引き出してその金銭を受託者の口座に送金します。信託契約には，信託財産の目録に信託金銭○○円と記載します。

まだまだ普及段階の金銭信託

　金銭が信託された場合，受託者は「自身の財産」と「信託財産」を分けて管理をしなければならないため，金融機関に「委託者（母）受託者（子）信託口座」といった名義の信託口座を作り信託金銭を管理することを目指します。しかし，まだまだ信託は新しい制度であるため，すべての金融機関で信託口座開設に対応していないのが現状です。

信託財産は受益者に相続税が課税される

　信託した財産は，受託者に移転しています。そのため委託者兼受益者に相続が発生したとき，受益権を相続した新しい受益者の相続財産として相続税が課税されます。

　委託者兼受益者が亡くなっても，信託の契約が継続するときは，次の受益者のために，信託財産の管理が続きます。

　信託口座に入金されている預貯金は，委託者がキープしていた受益権が受益者に移転されるため，受益者の財産として課税関係が生じるのです。

　左の下の図表は金融機関が取り扱っている「金銭信託」の商品ですので，各金融機関にお尋ねください。

17 認知症対策の情報

◉ 認知症の人の親族が出金するイメージ ◉

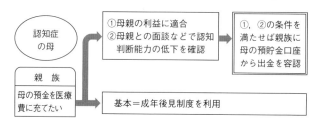

◉ 大手生保が販売する認知症保険の例 ◉
（60歳で保険金300万円・終身を契約）

	月保険料	主な付帯サービス
第一生命	男性　4857円 女性　5877円	緊急時に認知症の家族宅を訪問
明治安田生命	男性　5775円 女性　7539円	認知機能の低下リスクを評価
住友生命	男性　6094円※ 女性　8601円※	家族など代理人が契約内容を変更可能
日本生命	男性　7158円 女性　8730円	有料で任意後見人を紹介

（注）保険金額は認知症と診断された場合。※月保険料が加入時に15％割引きとなる健康増進型保険「バイタリティ」を特約（月880円）で付ける場合
出所：日本経済新聞「マネーのまなび」2021年2月6日

◉ 認知症対策の比較表 ◉

	メリット	デメリット
遺言	・手続きが比較的簡単	・2次相続以降を決めることができない ・認知症になってしまうと作成できない
成年後見制度	・認知症になった後でも手続きできる ・金遣いが荒い親族がいる場合，後見人によって財産を守ることができる	・認知症になり家庭裁判所によって後見人が選任されると，家族でも財産を動かすことが一切できなくなる ・後見人への報酬が定期的に発生する
生前贈与	・相続税を減らすことができる	・贈与税の対象になる ・認知症になると意図通りに贈与できない
家族信託	・2次相続以降まで決められるので，夫婦共に認知症になった場合や，孫の代の承継にも備えることができる ・贈与税がかからない	・受託者の資質によっては（金遣いが荒い，ギャンブル依存症など），財産を失う恐れがある ・手続きが煩雑 ・認知症になると契約できない

出所：週刊ダイヤモンド「家族信託を徹底解説」2021年2月16日号，p.49

★全国銀行協会は，認知症の親族に預金の引出しを認めると発表
★生命保険各社が，認知症対応の保険を販売している
★認知症対策として，これからは家族信託が主流になる

認知症の人の親族が出金する

　2021年2月18日に，全国銀行協会は認知機能が低下した高齢顧客の預金について，法的な代理権を持たない親族らでも，本人に代わって預金を引き出すことを条件付きで認める見解を発表しました。

　左の上の図解に示すとおり，裁判所が関与して財産を管理する「成年後見制度」の利用を求めるのを基本としつつも，①資金の使い道が医療費や介護費など「本人の利益」を満たす場合などに適用します。

　②認知機能の低下を確認する方法は，診断書の提出のほか，複数の行員による面談などによりチェックします。

認知症保険について

　認知症の人の増加に対応して，生命保険各社は「認知症保険」を売り出しています。

　太陽生命が2016年3月に業界で初めて発売したのに続いて，大手では第一生命が2018年12月に参入しました。他の大手3社も2020年2月以降に販売を始めました

　保障内容も，従来は認知症と診断されたら一時金や年金を受け取るタイプが中心でしたが，認知症の早期発見や予防を重視する商品が増えるなど多様化しています。

　左の中ほどの表示のほか，朝日生命も販売しています。

認知症対策の比較表

　この章のまとめとして，左の下に比較表を示しました。

　遺言は認知症になると作成不能になります。

　成年後見制度では，既述のとおり，法定後見人は小回りがきかないので，一歩進めて，任意後見人を選ぶ道もあります。

　しかし，これからの対策は「家族信託」が主流になりそうです。早めに研究をされ，家族信託契約を締結されると安心です。

Column 1 　相続税早見表（母＋子供）

● 母と子どもの場合 ●

相続額 ＼ 相続人	母＋子供1人	母＋子供2人	母＋子供3人
5,000万円	40万円	10万円	－
6,000万円	90万円	60万円	30万円
7,000万円	160万円	113万円	80万円
8,000万円	235万円	175万円	138万円
9,000万円	310万円	240万円	200万円
1億円	385万円	315万円	263万円
1.5億円	920万円	748万円	665万円
2億円	1,670万円	1,350万円	1,218万円
3億円	3,460万円	2,860万円	2,540万円
4億円	5,460万円	4,610万円	4,155万円
5億円	7,605万円	6,555万円	5,963万円
10億円	19,750万円	17,810万円	16,635万円
20億円	46,645万円	43,440万円	41,183万円

　父親がなくなって，配偶者（母）と子供が相続する場合には，配偶者の税額軽減（全財産の2分の1または1.6億円まで税金が非課税となります）が適用できますので税額は安くなります。

　上記では配偶者が全財産の2分の1を相続したものとして計算しています。

2編

所有財産の処理

　4章では，お母さんが現在所有されている財産の確認をします。

　具体的には，現預金の集計，有価証券などの金融商品の集計，不動産の相続税評価額への換算をします。

　5章では，宅地について税務上「評価減少額」が差し引ける特例がありますから，その説明をしています。これが難しいようでしたら，無視して飛ばしてください。6章の相続税額が多めに計算されるだけですから，心配はありません。

　6章では，相続税額の計算を試みています。計算できない場合には，Column 1と2の相続税額早見表か巻末の「スマホでできる相続税速算」で，相続税額の概算をつかんでください。

　相続税課税財産額に応じて相続税額は変化しますから，自活資金を使っていくと，相続税額は減少していきます。95歳時点の財産額を予測して，「相続税がかかるかどうか」を把握したいのです。

　ただ，現在時点で所有財産額があまりにも多い場合には，相続税が多額に上るため，相続税の節税対策が必要になります。

　7章では，所有財産の構成で，「資金」が少なく，「不動産」が多い場合には，不動産の換金処分が必要なことを述べています。

　また，所在場所により，不動産が必ずしも貴重な財産ではなくなっています。子供や孫の希望を聞きながら承継させます。「所有権放棄」などを視野に入れ，早めの対応が必要です。

18 現預金の集計

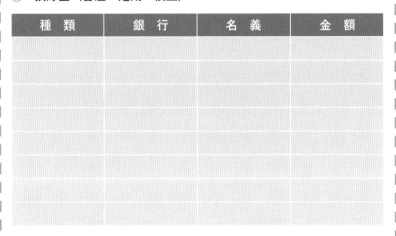

① 預貯金（普通・定期・積立）

種　類	銀　行	名　義	金　額

② その他プラス財産　memo

資産の種類	金　額	資産の種類	金　額
現　　　　金			
貴　金　属			
美　術　品			
ゴルフ会員権			
自　動　車			
家　具　一　式			
衣　類　一　式			
貸　付　金			

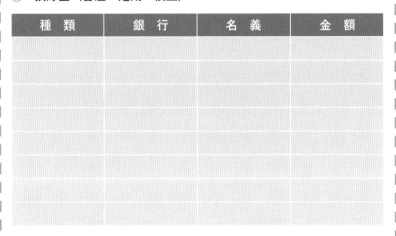

（左余白）
4章
所有財産のチェック

> ★申告漏れがあると重加算税や延滞税などの負担が増える
> ★単に預金の名義を借りているだけのものは発見される
> ★相続人に３年以内に贈与したものは相続財産に加算される

申告漏れは負担が重い

　相続税の申告に当たって，税理士の立場から一番神経を使うことは，申告漏れの財産があるかどうかです。

　申告後税務調査があり，申告漏れの財産があると，修正申告をしますが，増加する税額に対して延滞税や過少申告加算税がつきます。申告漏れが事実の全部または一部を隠ぺいし，または仮装したものであれば「配偶者の税額軽減」の適用がなく，重加算税が課税されます。

税務調査でわかる

　税務調査で次のような課税漏れが発見されます。

①　本当の預金者は被相続人であるが，便宜的に妻や子，孫の名義にしていたものがあった。

②　被相続人が死亡する直前に，大口の預金の引き出しや定期預金の解約をしたのは，葬式費用の準備であったことが判明した。この引出金は，死亡日現在に「現金」があるとして加算された。

③　被相続人が死亡直前に，３人の孫の名義でそれぞれ110万円ずつの定期預金をしていたことが判明。税務調査の結果，定期預金証書を孫に渡さず被相続人が管理しており，届出印も被相続人の印鑑であったため，贈与の実態がなく被相続人の預金とされた。

名義預金も書くこと

　預・貯金の税務調査では，家族名義の預金もすべてチェックされ，特に相続人に対する贈与で死亡する前３年以内のものは相続財産に加算されますから，贈与した年月日の記録が必要です。いつ贈与したのかを明確にしておくべきです。

　いずれにしても申告漏れのないように，すべての取引銀行名と預金の種類，それと名義の借用分も記録してください。通帳や印鑑の保管場所も明示しておくべきです。

19 金融商品の集計

① 上場株式

会社名	株数	単価	金　額

② 投資信託

証券会社	口数	単価	金　額

② その他　債券・ETFなど

名　称	口数	単価	金　額

> ★上場株式の場合，取引明細書がないと持株がわからない
> ★取引明細書は捨てずに保管してあれば残高確認ができる
> ★有価証券の現物は保管場所を明示しておく

貸金庫が税務調査で判明

　税務署員が銀行預金の調査をしていて，銀行の内部振替が貸金庫の使用料であることをつき止め，貸金庫の存在を密かにつかみました。税務署員だけでは貸金庫内部の保管物は調査することができませんから，事前（3日から1週間ぐらい前）に臨宅調査（自宅へ訪問して調査すること）をする旨を伝えて日時の調整をします。

　この臨宅調査の際，突然に貸金庫の調査をするのです。貸金庫の調査をすることは事前に知らされていませんから，突然の調査に納税者は何の対策もできず，貸金庫の中からは株式，定期預金証書，割引債券，金地金がたくさん発見されました。

　中には相続人が貸金庫の存在を知らない場合もあり，税務調査で貸金庫がわかり，得した例もあります。

有価証券の調査

　有価証券の税務調査は，税務署員が納税者が取引している証券会社を訪問して取引状況を詳しく調べます。

　この場合，被相続人名義のものばかりでなく，相続人や同居の親族名義のものについても調べます。

有価証券は詳細に記録

　株券の所持がなくなり，コンピュータが管理する時代になりましたから，有価証券は本人にしかわからないことが多々あります。所有している有価証券の取引明細書を残すことが大事です。いずれにしても，取引している証券会社，有価証券の保管場所を明示しましょう。

　また，非上場の同族会社の株式（自社株）等については，名義株の有無に重点を置いて調査されます。この自社株は，評価引き下げ対策を実行し，子・孫に贈与し，できるだけ持株をなくすよう心がけるべきです。

20 生命保険の契約

● 死亡保険金の課税関係 ●

	保険料負担者	被保険者	保険金受取人	かかる税
①	母	母	相続人	相続税
②	母	父	子供	贈与税
③	子供	母	子供	所得税

● 満期保険金の課税関係 ●

	保険料負担者	被保険者	保険金受取人	かかる税
④	母	母	子供	贈与税
⑤	母	母	母	所得税
⑥	子供	母	子供	所得税

● 保険金受取人が相続人となっている生命保険リスト ●

保険会社	受取人＝相続人	金額

● その他受取人となっている生命保険リスト ●

保険会社	受取人	金額

> ★保険料負担者と保険金受取人の関係で税目が変わる
> ★保険料を受取人以外の人が負担している場合は贈与税
> ★保険料負担者が受取人のときは，一時所得として課税される

受け取った時点で税金が決まる

　生命保険は，誰が保険料を負担したのか，誰に保険を掛けているのか，誰がその保険を受け取るのかによって，受取人にかかる税金の種類が異なります。

　基本的には，保険料負担者と保険金受取人との関係で決まり，左の図のように，受取人にかかる税金が相続税になったり，贈与税になったり，所得税になったりします。

贈与税がかかる場合

　生命保険契約の保険金を満期または被保険者の死亡によって取得した場合，その保険料を保険金受取人以外の人が負担しているときは，その保険金は保険料を負担した者（母）から（子供）に贈与されたものとみなされ，贈与税がかかります（②と④）。

一時所得の課税

　保険料負担者と保険金受取人が同一の場合には，所得税がかかります。この場合，受取保険金を一時金で受け取るときは，一時所得として所得税が課税されます（③と⑤・⑥）。

　一時所得には，特別控除額が50万円あり，支払保険料より受取保険金が多い場合であっても差益50万円までは非課税となります。また，50万円を超えている場合であっても，50万円を超えた部分の2分の1が所得金額になりますから，課税される保険金額は半分以下になります。

　この金額は他の所得と合算され課税されます。他の所得がそれほど高額でない場合は，通常，50万円の特別控除額と2分の1になることから，贈与税より所得税のほうが安くなります。

　生命保険に加入する際には，課税される税金について検討し，契約してください。

21 使える「資金」の集計

すぐに使える「現預金」（18項）	
現金	
普通預金	
定期預金	
現預金合計①	

換金処分すれば使える「換金額」	
金融商品（19項）	
貴金属 （購入価額の10%〜20%）	
美術品　　　〃	
着物　　　　〃	
換金額合計②	
使える「資金」集計①＋②	

> ★現預金・金融資産・不動産を３分の１ずつ所有するのが理想
> ★不動産の所有比率が高い場合には，換金処分が必要である
> ★残しても喜ばれない物は換金処分し，「資金」をキープする

財産管理の３分法

昔から言われているのは，財産の３分の１が現預金，３分の１が有価証券など金融資産，残りの３分の１が不動産で管理するべきという説です。

このように理想的にはならず，旧家の資産家ほど不動産の比率が多く，現預金は少なくなっています。

この２編では財産を「資金」と「不動産」に大きく２区分し，その処理方法を提案しています。「不動産」はいうまでもなく換金処分するには手間暇かかり，中には売れない物件も含まれています。「不動産」の処理は７章で検討します。

「換金額」の考え方

左の下の表に，換金処分すれば使える「換金額」を示しています。金融資産は株式をはじめとして市場の相場により変動しています。これを換金処分したときに使える「お金」を「換金額」としています。

宝石，貴金属，美術品，着物など，買うときは100万円単位でも，いざ売却となると，買った値段の10％〜20％しかならないでしょう。売却処分による手取額を「換金額」として表示します。

換金処分ができないものはゼロですから，リストには載りません。

使える「資金」とは

左の表の「現預金」は，手持ちの現金と預金を合わせたものとしています。預金の種類は，普通預金から積立預金や定期預金まで，すべての預金を含めます。定期性の預金も受取利息を無視すれば，即，解約して現金化できますから，すぐに使える「現預金」にグルーピングしてください。

使える「資金」とは，上記「現預金」＋「換金額」の合計額としています。

22 「固定資産税評価額」の写し

	土　　地		建　　物	
	m²	固定評価額	m²	固定評価額
自宅				
事業用				
貸付用				
小計				

	m²	固定評価額	地　目	場　　所
宅地				
農地				
山林				
合計				

> ★固定資産税は1月1日現在で所有している土地・建物に課税
> ★「固定資産税納税通知書」に「固定資産税評価額」がある
> ★「固定資産税評価証明書」の交付を受けることもできる

固定資産税・都市計画税

　固定資産税・都市計画税（以下，都市計画税は表示しません）は，その年の1月1日現在，市区町村内に所有している土地または家屋（以下，建物といいます）に対して課税されます。

　毎年，市区町村から，4月初め頃に，固定資産税納税通知書が郵送で届き，4期に分けて税額を納付することになっています。

固定資産税評価額

　固定資産税を課税するベースとなる価格は，各市区町村が評価して固定資産税課税台帳に記入されています。この価格は，上記の納税通知書の「令和○○年度固定資産課税明細書」に明示されています。この明細書の中にはたくさんの数字が書かれています。

　土地の一筆または建物1棟につき3行に区分されています。真ん中の行の中間に「価格（評価額）」とあるのが，「固定資産税評価額」です。この「評価額」を左の表に転記してください。

　「固定資産税納税通知書」がないときは，市区町村の資産税課に行き「固定資産税評価証明書」の交付が受けられます。窓口には本人が行きますが，代理人のときは委任状が必要です。

左の表の説明

　上半分に，自宅，事業用，貸付用と3区分していますが，これは次の5章の「評価減少額」の適用がある土地・建物です。

　この「評価減少額」を計算する作業の目的は，土地の評価額をできるだけ正確につかみ，そのうえで6章の相続税額を計算するためのものです。

　ですから，まずは「評価減少額」はないのが正解です。

　ここでは，先の「固定資産課税明細書」の土地の価格（評価額）と建物の価格（評価額）を全部記入して，合計してください。

23 土地の「相続税評価額」の概算

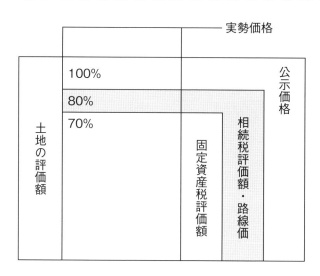

実勢価格

公示価格

土地の評価額

100%
80%
70%

固定資産税評価額

相続税評価額・路線価

「固定資産税評価額」から「相続税評価額」の概算を計算する方法

$$固定資産税評価額 \times \frac{0.8}{0.7} = 相続税評価額$$

$$※\frac{0.8}{0.7} = 1.1428 \quad \rightarrow \quad 1.15とする。$$

$$固定資産税評価額 \times 1.15 = 相続税評価額$$

22項の固定資産税評価額に1.15をかけて相続税評価額の概算としてください。

> ★宅地の評価は所在場所で路線価方式か倍率方式になる
> ★路線価方式は「正面路線価」×「地積」＝宅地の評価額である
> ★宅地の時価を不動産鑑定士に評価してもらい申告ができる

路線価方式と倍率方式

相続税や贈与税を計算するときの土地の評価額は，利用の単位となっている一画地の土地ごとに評価します。評価の方式は，路線価方式と倍率方式が決められています。

「路線価方式」で評価する宅地の価額は，その宅地の面する路線に付された路線価を基に計算した価額で評価します。

宅地の評価額は「その宅地の正面の道路に付された路線価」×地積＝宅地の評価額として計算されます。

「倍率方式」で評価する宅地の価額は，その宅地の固定資産税評価額に，一定の倍率を乗じて計算した金額により評価します。

路線価や倍率は，毎年1月に改定され，その年の8月頃にはその年の路線価や倍率が発表されます。国税局や税務署に問い合わせればわかります。また，各地の国税局のホームページから路線価を調べることができます。

各評価額の比較

左の上の表にあるとおり，実際の売買の取引価額が「実勢価格」です。その下に「公示価格」があり，これを100％としますと，「相続税評価額・路線価」が80％相当です。「固定資産税評価額」は70％相当といわれています。

固定資産税評価額から相続税評価額を計算

左の下に示しているとおり，「固定資産税評価額」を0.7で割って0.8をかけると概算の「相続税評価額」が計算できます。

つまり，固定資産税評価額×1.15＝相続税評価額になります。

22項の固定資産税評価額に1.15をかけて計算してください。

建物の「相続税評価額」は「固定資産税評価額」と同じ評価額です。「固定資産税納税通知書」の「価格（評価額）」です。

24 小規模宅地の減額特例の全体像

● 小規模宅地の減額特例のポイント ●

居住用は330m²，事業用は400m²，貸付用は200m²が減額

居住用宅地 | 自宅の敷地 330m²まで 相続税評価額 | 80% 減額 | 相続税評価額

事業用宅地 | 店舗の敷地 400m²まで 相続税評価額 | 80% 減額 | 相続税評価額

貸付用宅地 | 貸家の敷地 200m²まで 相続税評価額 | 50% 減額 | 相続税評価額

● 居住用宅地・事業用宅地の面積がダブル適用に ●

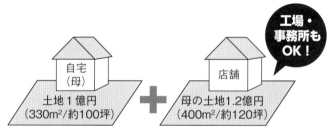

自宅（母）
土地1億円
（330m²/約100坪）

＋

店舗
母の土地1.2億円
（400m²/約120坪）

工場・事務所もOK！

● 貸付用との併用は200m²まで ●

	2015（平成27）年1月1日から			
居住用宅地	80%	330m²	併用適用可	貸付用との併用は全体で200m²が限度
事業用宅地	80%	400m²		
貸付用宅地	50%	200m²		

> ★居住用宅地330m²まで80%の減額特例がある
> ★事業用宅地400m²まで80%の減額特例がある
> ★多額に減額でき，筆者は第2の基礎控除額と考えている

減額特例の条文の規定

　租税特別措置法69条の4に，「小規模宅地等についての相続税の課税価格の計算の特例（これを「減額特例」と略称します。）」が定められています。長い条文ですから要約しますと次のとおりです。

　この減額特例は，相続または遺贈（死因贈与を含む）によって被相続人の親族が取得した宅地のうち，一定の要件を備えた「居住用宅地（居住用の家屋の敷地）」「事業用宅地（店舗・工場などの事業用建物の敷地）」「同族会社事業用宅地（同族会社の事業用建物の敷地）」「貸付用宅地（貸家などの建物の敷地）」について，一定の面積の範囲まで，80%または50%の割合だけ，その土地の「通常の評価額」を減額して相続税の課税対象とする規定です。

減額特例の内容

　減額特例の対象となる小規模宅地等，限度面積，減額割合は次のとおりです。上の表に図示しています。

　① 居住用宅地 330m²，80%（**25項**）
　② 事業用宅地，同族会社事業用宅地 400m²，80%（**26項**）
　③ ②に該当しない貸付用宅地 200m²，50%（**27項**）

併用適用について

　2015年（平成27）年1月1日から居住用宅地の面積が330m²（改正前は240m²）に拡大され，居住用宅地330m²と事業用宅地400m²の完全併用（ダブル適用）が認められ，合計730m²まで減額特例が適用されることになりました（中程の図表）。

　減額特例は，大型の相続税の節税プランになりますから，居住用宅地だけでなく，事業用宅地にも適用するように検討してください。

　貸付用宅地は，居住用宅地・事業用宅地と比較して減額が多い場合に適用します。**27項**を参照してください。

25 居住用宅地の減額

● 母の相続の場合に適用できるパターン ●

① 母と同居のパターン

② 母と生計一のパターン

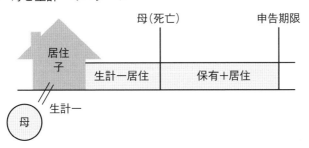

③ 「家なき子」のパターン

（母の配偶者がいる場合は適用なし
　①の同居の親族で法定相続人がいる場合は適用なし）

　この章の減額特例の計算が難しかったら，適用しなくても大丈夫です。適用しないと，6章の相続税額が多く計算されるだけです。

二次相続の場合の適用

　被相続人の配偶者が相続した場合には，無条件で減額特例が適用されます。一次相続では配偶者が小規模宅地を相続すれば，全く問題がありません。

　二次相続では配偶者はいませんから，適用要件が厳しくなってきます。左の例では，被相続人を「母」とし，相続による取得者を「子供」と考えて要件を検討します。

母と同居

　母と同居している子供が取得し，相続税の申告期限まで，居住を継続し，かつ，保有を継続すれば減額特例が適用されます。

母と生計一

　母と生計を一にする子供の居住用宅地を，生計を一にしていた子供が取得し，相続税の申告期限まで居住を継続し，かつ，保有を継続すれば，減額特例が適用されます。

「家なき子」

　このパターンは，配偶者や同居の親族で法定相続人がいる場合には適用がありません。

　「家なき子」は，相続開始前3年以内に自己または自己の配偶者の所有する家屋に居住したことがない子供になります。この「家なき子」が，相続開始のときから相続税の申告期限まで，その宅地を保有すれば減額特例が適用されます。

　子供が，親元（実家）を離れ，子供が住宅を購入して都会で暮らしている場合には，「家なき子」には該当しませんから，お母さんの居住用宅地を相続しても，減額特例の適用は受けられません。

26 事業用宅地の減額

● 事業用宅地の減額 ●

自己所有の土地

① 被相続人の事業を引き継ぐ親族がいる

② その宅地の一部または全部について事業を引き継ぐ親族が取得し，申告期限まで事業を継続する

①②の両方を満たすと400m²まで80％減額

● 同族会社事業用宅地の減額 ●

自己所有の土地

① 引き続き同族会社の事業用に使用する

② その同族会社の役員である被相続人の親族が取得し，申告期限まで引き続き所有する

①②の両方を満たすと400m²まで80％減額

> ★事業用とは，被相続人または生計一の親族の個人事業用である
> ★被相続人・生計一の親族が所有する建物を同族会社に貸す
> ★被相続人が土地を貸し，同族会社が建物を所有する

事業用宅地

相続開始の直前において，「被相続人の事業の用」または「被相続人と生計を一にする親族の事業の用」に供されていた宅地で，左の図表の区分に応じ，それぞれに掲げる要件のすべてに該当する被相続人の親族が，相続または遺贈により取得したものをいいます。

相続開始前３年を超えて事業を行っていること

税法が改正され，2019（平成31）年４月１日以後に相続が発生した場合には，相続開始前３年以内に事業の用に供された宅地等は，減額特例の適用対象にはなりません。

ただし，その宅地の上で事業の用に供されている減価償却資産の価額が，その宅地の相続時の価額の15％以上であれば，減額特例の適用対象となります。

2019（平成31）年３月31日までに事業の用に供した宅地等で2022（令和４）年３月31日までに相続が開始した場合には，減額特例の適用対象となります。

同族会社事業用宅地

相続開始の直前から相続税の申告期限まで，一定の法人の事業（貸付事業を除く）の用に供されていた宅地で，図表の要件のすべてに該当する被相続人の親族が相続または遺贈により取得したものです。

一定の法人とは，相続開始の直前において，被相続人および被相続人の親族がその法人の発行済株式の総数または出資の総額の50％超を有している法人をいいます。

同族法人の事業の用に供されていた宅地を，相続税の申告期限において，法人の役員が取得し，相続税の申告期限まで保有継続をしていれば，減額特例が適用されます。

法人を設立し，建物を法人が借りれば，減額特例の適用ができます。

27 貸付用宅地の減額

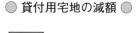

● 貸付用宅地の減額 ●

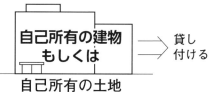

① 被相続人の貸付事業を引き継ぐ親族がいる
② その宅地の一部または全部について
　貸付事業を引き継ぐ親族が取得し,
　申告期限まで貸付事業を継続する

①②の両方を満たすと200m²まで50%減額

● 減額の割合が50%と80%は併用できない ●

自宅と賃貸ガレージの土地の例

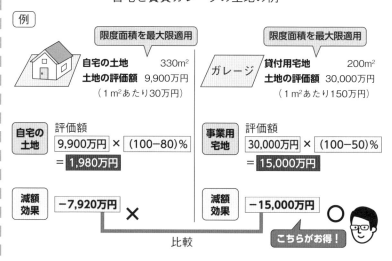

> ★貸付事業は不動産賃貸業・ガレージ業なども適用がある
> ★青空駐車場は舗装やフェンスがあれば減額特例の適用がある
> ★都心の高額な土地を購入し貸付用にして減額が狙える

貸付用の貸付事業とは

「貸付事業」とは,「不動産貸付業」「駐車場業」「自転車駐輪場業」および事業と称するに至らない不動産の貸付その他これに類する行為で相当の対価を得て,継続的に行う「準事業」をいいます。

減額特例の対象になる宅地は,「建物又は構築物の敷地の用に供されているもの」とされていますから,青空駐車場の場合は,アスファルト舗装,フェンスの設置などの構築物がない場合には認められません。

「不動産貸付業」は,一戸建貸家,アパート,賃貸マンション,貸ビル,貸店舗などの貸付業です。お母さんが所有する土地の上に建物を建築し賃貸するものです。都市中心部の地価の高い土地を購入し,貸付用土地として相続税の節税が狙えます。

貸付用宅地

相続開始の直前において,「被相続人の貸付用宅地」または「被相続人と生計を一にしていた親族の貸付用宅地」で,図表に掲げる要件のすべてに該当する被相続人の親族が,相続または遺贈により取得したものをいいます。

2018（平成30）年4月1日から貸付用宅地の範囲から,相続開始前3年以内に貸付事業の用に供された宅地等が除外されました。

相続開始前3年を超えて事業的規模で貸付事業を行っている者は,上記の除外はされません。

調整計算

2015（平成27）年1月1日以後の相続からは,居住用宅地330m²と事業用宅地（同族会社事業用を含む）400m²とは完全併用されることになりました。それに貸付用宅地が加わりますと,貸付用宅地の面積について,左のような調整計算が必要になります。計算上有利なほうを適用しますから,15,000万円の減額になります。

28 小規模宅地の減額合計

<table>
<tr><td rowspan="2">(1)
居住用宅地</td><td>① 330m²以内の宅地の減額</td></tr>
<tr><td>評価額×80%＝ </td></tr>
</table>

(1)
居住用宅地

① 330m²以内の宅地の減額

評価額×80%＝ [　　　　　]

② 330m²超の宅地の減額

評価額÷m²＝ ⓐ[　　　　　]

ⓐ[　　　　　] ×330m²×80%＝ [　　　　　]

(2)
事業用宅地

① 400m²以内の宅地の減額

評価額×80%＝ [　　　　　]

② 400m²超の宅地の減額

評価額÷m²＝ ⓑ[　　　　　]

ⓑ[　　　　　] ×400m²×80%＝ [　　　　　]

(3)
貸付用宅地

評価額÷m²＝ ⓒ[　　　　　]

ⓒ[　　　　　] ×200m²×50%＝ [　　　　　]

(1) ＋ (2) または(3)のみ

減額合計 [　　　　　]

減額特例の目的

2013（平成25）年に相続税法が改正され，増税の方向に向かっています。増税されますと，小規模な居住用宅地や事業用宅地を相続しますと相続税がかかり，その土地を売却しなければ，相続税が払えない事態が生じます。そんなことになれば，住居や事業用の宅地を失うことになり，生活ができなくなります。

そこで，小規模宅地の減額特例を拡充する改正が行われました。

減額合計

この章で述べてきた内容のまとめです。

25項の居住用の宅地の減額は，330m^{2}までの土地について80％の減額があります。ただ，お母さんの相続の場合，子供が都市に出て自宅を購入しているケースがあり，自宅が減額の適用対象にならないことが多くなります。

26項の事業用宅地はお母さんが事業を営んでいるケースで，これを承継すれば適用があります。

同様に，同族会社事業用宅地については会社の承継により適用の可能性があります。

27項の貸付用宅地があれば適用します。以上の減額合計をします。

相続税の節税対策

居住用や事業用の宅地が田舎にある場合は，もともと土地の評価額があまり高くないため，減額による相続税の節税効果が少なくなります。

そこで，都市中心部の地価の高い場所を買い，貸付事業をすると節税になります。

相続開始3年前に事業化するように改正されたので，早めの着手が必要です。

29 借入金の明細

自己借入金

借入先	借入金額	現在残高	完済年月日
	万円	万円	
合　計			

連帯保証人となっている債務

主債務者	借入金額	連帯保証人数	その他
	万円		
	万円		
	万円		

★借入金はサラリーローンやカードローンも記入する

★個人事業主の場合は事業用の借入金も記入する

★連帯保証債務は相続されるから，必ず記入すること

借入金の税務調査

　税務署は，借入金の債務控除をした申告書が提出されると，その存否を確認するための照会文書を債権者（貸し主）に送付して，回答を求めます。

　この照会書には，当初の貸付年月日，当初の貸付金額，貸付期間，調査日現在残高（死亡日現在残高），回答日現在残高，貸付理由などのほか，担保物件の種類，数量などの回答欄が設けられています。

　この書面を見ると，債務の存在の有無が明らかになり，その借入金で購入した不動産や有価証券，担保の不動産などが確認できます。これらの財産の申告漏れがないように注意しましょう。

　借入先が遠隔地の個人（親戚，友人・知人）や会社である場合，こんな遠くまで調査しないと思われがちですが，税務署は全国ネットになっています。その遠隔地の税務署に調査の代行を依頼すれば，簡単に債務の存在の有無が確認されます。

債務控除できないものもある

　また，債務に連帯債務者が存在したり，債務が保証債務であったりして，その債務の全部を債務控除することができないものもあります。連帯保証人の債務は，主たる債務者が弁済をしている限り保証人の債務にはなりません。

連帯保証人の債務も相続する

　被相続人の連帯保証人としての保証債務も，相続により子・孫が受け継ぐことになります。死んでも連帯保証は消えませんから，連帯保証をしていることを明示し，極力，保証人を降りる努力が必要です。

　図表に，サラリーローン，カードローンなどの債務は漏れなく記入してください。もし債務超過であれば，相続人は相続開始後3ヵ月以内に相続放棄をしなければいけません。

30 相続税の基礎控除額

● 基礎控除額早見表 ●

基礎控除額＝3,000万円＋（600万円×法定相続人数）

法定相続人数	基礎控除額　　　万円
1人	3,600
2人	4,200
3人	4,800
4人	5,400
5人	6,000
6人	6,600
7人	7,200

組み合わせなど	相　続　人
配　偶　者　と　子	配偶者・子・養子・認知した子・子が死亡，欠格，廃除のときは子の代襲者・代襲者の代襲者・申告書を提出する日までに出生した胎児
配偶者と直系尊属	配偶者・父・母・祖父母
配偶者と兄弟姉妹	配偶者・兄弟姉妹が死亡，欠格，廃除のときは甥・姪までの代襲者
相続欠格者・相続廃除者	相続人とならない。ただし，子が代襲する
相　続　放　棄　者	相続人とならない。代襲しない。税務上は基礎控除の計算に入れる

> ★法定相続人は配偶者と，①子供，②父母，③兄弟姉妹の順
> ★基礎控除額は3,000万円＋（600万円×法定相続人数）
> ★税務計算上，実子ありは養子１人，実子なしは養子２人

法定相続人

「誰が」相続できるかは，民法上に定められた相続できる権利のある人のことで，これを「法定相続人」といいます。

「法定相続人」は，図表のとおり，被相続人（相続される人・死んだ人）の配偶者（妻または夫）は常に相続人になります。

次に，配偶者との組み合わせの順位が決まっています。

① 第一順位は子供になります。

② 子供がいないときに，第二順位は父母をはじめ祖父母などの直系尊属になります。

③ さらに，子供や直系尊属がいないときに，第三順位として被相続人の兄弟姉妹が相続人になります。

したがって，子供がいれば，父母や兄弟姉妹が相続人になることはありません。

子供については下の図表にあるように養子，認知した子，子が死亡・欠格・廃除されたときは子の代襲者（孫），代襲者の代襲者（曾孫），相続税の申告書を提出する日までに生まれた子供を含みます。

基礎控除額

2015（平成27）年１月１日以後開始する相続からは，左の上の算式のとおりに改正されました。

法定相続人が３人の場合は，次のようになります。

基礎控除額＝3,000万円＋600万円×３人＝4,800万円

法定相続人の人数による基礎控除額は表に示すとおりです。

養子の人数

法定相続人の中に養子がいる場合に，法定相続の数に含めることができる養子の数は，被相続人に実子がある場合は１人まで，実子がない場合は２人までです。

31 相続税課税財産の計算

プラス財産	マイナス項目	
資金 （21項） (1)	借入金（29項） (4)	
	必要資金（11項） (6)	不動産 換金
不動産の 相続税評価額 （23項） (2)	相続税課税財産 （基礎控除後）	
	基礎控除額（30項） (5)	
	減額合計（28項） (3)	
(1)+(2)= プラス財産合計 (7)	(3)+(4)+(5)+(6)=マイナス項目合計 (8)	
相続税課税財産 (7)−(8)=		

> ★プラス財産は「現預金」＋「換金額」＋「不動産」の合計
> ★マイナス項目は主に「必要資金」＋「基礎控除額」の合計
> ★相続税課税財産＝プラス財産合計(7)－マイナス項目合計(8)

　ここでは，左の図表の右側の中ほどにある台形＝相続税額を計算するための「相続税課税財産」を計算します。この計算要素は，表の一番上にある「プラス財産」と「マイナス項目」です。

プラス財産

　21項で集計した「資金」を(1)に記入します。この「資金」は「現預金」とその他の流動資産を「お金」に換金した「換金額」の合計額です。換金できない資産はゼロですから，加算しません。

　23項の「不動産」の相続税評価額の合計額を(2)に記入します。この中の「建物」の相続税評価額は22項の家屋の固定資産税評価額と同じ金額です。「土地」の相続税評価額は固定資産税評価額×1.15の金額です。(1)＋(2)＝(7)がプラス財産の合計額です。

マイナス項目

　左の図表では番号が上下していますが，(3)～(6)です。

　28項の「減額合計」の合計額を(3)に記入します。これは不動産の相続税評価額からのマイナス項目ですから，一番下に表示しました。この「減額合計」の計算が難しかったらゼロで構いません。

　29項の借入金の合計額を(4)に記入します。これは「資金」からの返済になるので上に表示しました。

　30項の基礎控除額は(5)に記入します。

　11項の老後の「必要資金」の合計額を(6)に記入します。これは「自活資金」－「公的年金受取額」＝「必要資金」になります。

　以上のマイナス項目の４項目を合計して(8)に記入します。

相続税課税財産

　表の下の「相続税課税財産」＝(7)－(8)になります。

　図表の「必要資金」の三角形を差し引いた斜めの台形の部分になります。これが相続税の課税対象額になります。

32 相続税の総額の計算

◉ 相続税の速算表（税率と控除額）◉

基礎控除後の課税財産	税率	控除額
1,000万円以下	10%	－
1,000万円超～3,000万円以下	15%	50万円
3,000万円超～5,000万円以下	20%	200万円
5,000万円超～1億円以下	30%	700万円
1億円超～2億円以下	40%	1,700万円
2億円超～3億円以下	45%	2,700万円
3億円超～6億円以下	50%	4,200万円
6億円超	55%	7,200万円

◉ 相続税課税財産の計算（31項）◉

プラス財産	資金 ＋ 不動産		プラス財産合計
	(1)	(2)	(7)

マイナス項目	減額合計	(3)	マイナス項目合計
	借入額	(4)	(8)
	基礎控除額	(5)	
	必要資金	(6)	

相続税課税財産 ＝ (7) － (8)　　A

（法定相続分）

A ÷ 法定相続人数 ＝ B

上記税率　　　上記控除額　　各人の相続税

B × ［　　　　］% － ［　　　　］ ＝ C

相続税の総額

C × 法定相続人数 ＝ ［　　　　　　　］

ここでは配偶者がいないものとして計算しています。

配偶者があるときは法定相続分が異なり，配偶者控除の適用があります。

★二次相続の法定相続人は子供，直系尊属，兄弟姉妹
★Ａを子供の数で割って各人の相続税額を計算し合計
★税額は巻末の「スマホでできる相続税速算」でもできる

　左の中ほどの図表は前の31項の課税財産の計算です。31項と同じ番号をつけていますから，再度確認してください。最後の相続税課税財産をＡとしています。

　ここでは相続税の計算をします。一次相続の計算は，Column 3を参照してください。計算ができない場合には，巻末の「スマホでできる相続税速算」を活用ください。

法定相続分の計算

　基礎控除後の課税財産を法定相続分に分けます。Ａは基礎控除額(5)を差し引いた金額です。

　二次相続の法定相続人は，①子供，②直系尊属，③母の兄弟姉妹です。ここでは子供のみとします。そこで，Ａを法定相続人の数で割って，法定相続分Ｂを計算します。

各人の相続税額

　一番上の「相続税の速算表」から，Ｂの金額が該当する「税率」をかけ，右の「控除額」を差し引くと「各人の相続税額」が計算され，それを合計すると「相続税の総額」Ｃが計算されます。ここまでは，課税財産と相続人が決まると，自動的に計算されます。

各人が納付する相続税

　実際に納付する相続税は「相続税の総額」を「各相続人が実際に取得する相続財産の価格」によってあん分して求めます。

　簡単に言えば，数人が食べた食事代を食べた分量に応じて「割り勘」するようなものです。相続で財産を取得しなければ，相続税はゼロで，1人の相続人が全財産を取得すれば，その人が全額負担することになります。

　実際は，取得財産に応じる「あん分割合」を求め，相続税の総額にかけて計算します。これが各人の納付する相続税になります。

33 長生きは相続税の節税になる

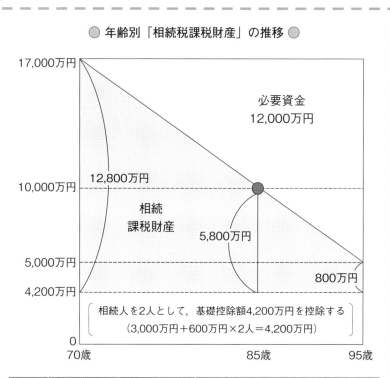

● 年齢別「相続税課税財産」の推移 ●

17,000万円

必要資金
12,000万円

12,800万円

10,000万円

相続
課税財産

5,800万円

5,000万円
4,200万円

800万円

相続人を2人として，基礎控除額4,200万円を控除する
（3,000万円＋600万円×2人＝4,200万円）

0
70歳　　　　　　　　85歳　　　　95歳

年齢	相続税課税財産	相続人2人の相続税額
70歳 時点	（17,000万円－4,200万円） 12,800万円	（12,800万円÷2×30％－700万円）×2 2,440万円
85歳 時点	（10,000万円－4,200万円） 5,800万円	（5,800万円÷2×15％－50万円）×2 770万円
95歳 時点	（5,000万円－4,200万円） 800万円	（800万円÷2×10％）×2 80万円

> ★「不動産」を売った「資金」を減少させて節税する
> ★老後の「必要資金」の支出は歳とともに多くなる
> ★長生きするほど課税財産が減少して節税になる

「資金」と「不動産」と節税

7章は「資金」と「不動産」の処理を検討しています。

「資金」は「老後の必要資金」,「その他の消費」,「贈与」によって減少しますと,相続税の課税財産を減少させることになり,「相続税の節税」となります。そして,「資金」が不足しますと「不動産」を換金処分して,実弾として「資金」を補充します。

このように,「資金」「不動産」「節税」は密接に関連しています。

老後の必要資金と節税

老後の必要資金は,95歳までの間の必要資金をまとめたものです。年齢が進むと必要資金の支出は多くなります。

左の図は,70歳から95歳までの必要資金をトータルで12,000万円,17,000万円の財産として95歳時点で5,000万円が残る計算です。

95歳より若い年齢の時点の課税財産は,必要資金の支出が少ないため,逆に多くなります。最初の70歳時点では必要資金はゼロですから,17,000万円が課税財産になります。85歳時点を想定しますと,約10,000万円が課税財産になります。

長生きは節税になる

左の下に年齢別の相続税額を計算してみました。

70歳時点の課税財産17,000万円から,基礎控除額を差し引き相続人を2人として相続税の総額を計算しますと,2,440万円になります。

85歳時点の課税財産10,000万円から同様の計算をして,相続税の総額を計算しますと,770万円になります。

95歳時点の課税財産5,000万円から同様の計算をして,相続税の総額を計算しますと,80万円になります。

このように,長生きをされますと,相続税の課税財産が減少しますから,相続税の節税になります。

34 消費・贈与による相続税の節税

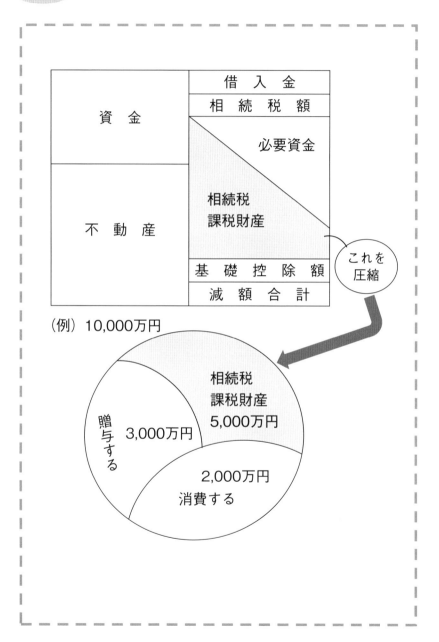

> ★相続税の節税の基本は，課税財産の圧縮である
> ★消費は飲み食い，買物，旅行などすべてOK
> ★贈与は相続財産に加算するものは節税にならない

相続税課税財産を圧縮

　お馴染みの左の図表です。プラス財産が「資金」と「不動産」です。右側がマイナス項目です。これまでは「減額合計」,「借入金」,「基礎控除額」でしたが，もう1つ「相続税額」が加わっています。この「相続税額」も課税される場合には現金払いです。

　そして，老後の必要資金を差し引くと「相続税課税財産」になります。「必要資金」は三角形で年齢とともに増加していきますから，前項のとおり「長生きすると相続税の節税になる」と説明しました。

　若い年齢で亡くなった場合には，相続税が多くかかりますので，54項「相続開始が間近のときの贈与」を参照し，早めの贈与をします。

消費による相続税の節税

　課税財産のところから，線を伸ばして「これを圧縮」と表示しています。その下に例として，10,000万円を「2,000万円消費する」「3,000万円贈与する」として，課税財産を5,000万円に圧縮しています。

　このように，財産を削り込めば「相続税の節税」になります。

　「消費」は，飲み食い，観光，旅行など何でもかまいません。自宅を残すとすれば，リフォーム代は予算を決めなければ，果てしなくかかります。本来はリフォームをすると建物の価格は上昇しますが，建物の評価額は固定資産税評価額となっていますから，固定資産税評価額が変更されない限り上昇しません。地方税法上は，家屋の改築，損壊は実地調査により評価することになっています。

贈与による相続税の節税

　贈与すれば，同様に課税財産の減少となり，相続税の節税になります。ところが，相続開始前3年以内の贈与，B方式の贈与，大型非課税贈与の使い残しなどは，相続税に加算されますから，すべての贈与が節税になるというわけではありません。

35 「資金」が多いケース

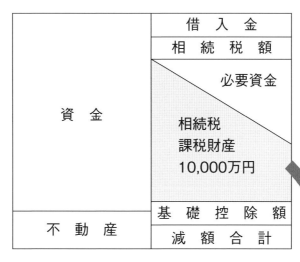

「資金」10,000万円

資金のため
自由に贈与が
できる

> ★「資金」があれば，贈与や遺産分割もラクにできる
> ★長期計画を立てて，「資金」をなくす努力をする
> ★「不動産」は子供・孫に売却し，承継と資金を回収する

左のプラス財産に注目

この項と次の36項の違いを見つけてください。

左のプラス財産の構成内容が違っているのです。この項では「資金」が多く，「不動産」が少なくなっています。次の項では，逆に「資金」が少なく「不動産」が多くなっています。

ともに贈与によって，課税財産を圧縮し，相続税の節税を狙うのですが，この項のように「資金」のほうが多ければ，即，贈与が実行できます。一方，次項の36項では「不動産」が多いため，先に換金処分の手間がかかります。

「資金」が多ければ自由に贈与

左の図表のように，「資金」がたくさんあれば，相続税額がキープできるし，老後の「必要資金」もカバーできるし，余裕の「資金」を贈与することもできます。さらに，相続の遺産分割も「資金」であれば簡単に分割できるメリットがあります。いいことずくめの「資金」の多さですが，自動的にはこういうパターンにはならないのです。

長期計画で実現する

先祖伝来によって不動産のウエイトが高い場合，若いときに不動産を購入して，不動産の比率が高い場合などには，「資金」はこんなにたくさん保有できません。

左のパターンのように，長期計画を立てて実現するのです。

例えば，事業経営者や会社経営者の場合には，個人が所有する土地を個人事業や会社に売却して「資金」をキープします。

あるいは遊休土地を次の37項のように，子供や孫に売却して「資金」を確保します。

不動産を手放して現金化し，「資金」を多くする方向を選択するのです。

36 「不動産」が多いケース

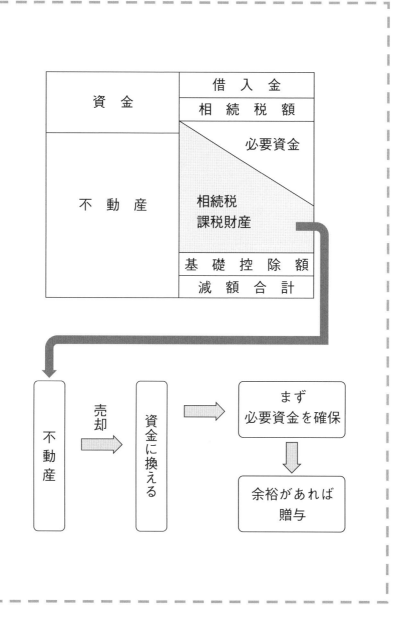

> ★「資金」がない場合，「必要資金」も不足し危険である
> ★財産の３分の１の相続税が課税されると全財産は残せない
> ★「資金」の不足は「不動産」の売却により調達する

「資金」がほとんどないと

　左の図表のように，「資金」がほとんどないと，「借入金」の返済や相続税の納税資金に消えるだけで，老後の必要資金も不足することになり，非常に危険な状態です。

　つまり，「不動産」のウエイトが高く，資産家ではあるのですが，「流動資金」，つまり「お金」がなくて質素な生活をしておられます。

あるお医者さんの実例

　あるお医者さんの実例ですが，お医者さんは地方中枢都市内に，先祖伝来の山林や宅地を膨大に所有しておられ，入院施設のある大きな病院を経営しておられます。お医者さんは養子として迎えられ，奥様が財布を握っておられます。奥様は可愛い息子に，とにかく全財産を承継させることを最大テーマとしておられます。そのため，お医者さんの相続税に見合う超大型の生命保険に数本加入されています。すると毎月の生命保険料が膨大になります。

　お医者さんですからたくさん稼いでおられますが，収入金のほとんどが生命保険料に逃げていきます。日々の生活は，実に慎ましく生きておられます。それでも奥様は頑固一徹，方針は変えません。

「不動産」は換金処分する

　下の図表のとおり，「不動産」は売却して「資金」に換えます。

　その「資金」から，まず老後の「必要資金」を確保し，余裕があれば贈与して，課税財産を減少させて相続税を節税します。

　「言うは易く行うは難し」の言葉どおり，「不動産」が売れるとは限りません。立地が良ければ売れますが，田舎や郊外，道路がついていないなど，売れない物件はたくさんあります。

　人口減少社会を迎えて，「土地余り」「値崩れ」「売却不能」となっていきます。換金処分に，本気で早めに取り組んでください。

37 不動産の子・孫への承継方法

方 法	内 容
贈与する	● 生前贈与すると贈与税が高くつくので，高額な物件の贈与は難しい。 ● 高額な物件を贈与するときは，B方式（12章）を使うことができる。贈与税はかかっても相続税から控除できるので，贈与税は実質的に非課税である。
相続させる	● 小規模宅地の評価減の適用を受けるためには，その資格者が相続しなければならない。 ● 相続させた結果，他の相続人の遺留分を侵害する場合には，代償分割などの資金を用意する必要がある。 ● この相続による相続税の納税資金が必要である。 ●「死因贈与契約公正証書」または「遺言公正証書」の作成が必要である。
売却する	● お母さんに譲渡所得税が20%かかるが，80%の現金が入る。老後の必要資金，納税資金，贈与資金として使える。 ● 買主は代金を支払うので，他の相続人との分割のバランスの問題はなくなる。

★田，畑は子供に承継させたいが，子供は田舎には帰らない
★田，畑は子供に「タダ」で「ヤル」必要がなくなった
★宅地は承継者に「ウル」ことにより承継させる

　農耕民族としての残像が今も残っています。昔から田や畑は生活の糧であり，親から子供へ，大切な生産手段として，タダで承継（贈与・相続）させるものでした。

　ところが，現代では農業・林業などを子供が承継せず，子供はサラリーマンとして，都会に出て田舎には戻ってきません。

　そうした変化から，田，畑，田舎の自宅など，タダで「ヤル」必要がなくなりました。

　左の図表のように，「不動産」の承継方法をまとめましたので説明します。

贈与する

　A方式の贈与税は税率が高いので高額な不動産は贈与がしにくいですが，B方式を使うと贈与がやりやすくなります。

　子供が3人いた場合に，3人ともB方式を選択すれば，1人2,500万円の特例控除額があり，3人分の7,500万円の不動産を承継させることができます。

相続させる

　不動産の承継は相続が普通ですが，引き継いだ子供が不動産の管理をしないケースが増えています。

　親が決めた子供に相続させるには，遺言の作成が必要です。

承継者（個人・会社）に売る

　不動産を，子供や孫などの承継者，子供や孫を株主とする不動産管理会社に売却することにより，承継させることができます。

　しかもそれは，相続開始の前後を問わず，いつでも好きなときに売却することができます。売却すると，承継が完了すると同時に，売却資金が入ってきますから，老後の「必要資金」，生前の「贈与資金」，相続税の「納税資金」などとして多目的に活用することができます。

38 不動産は「ヤル」から「ウル」へ

◉ 売却による財産承継 ◉

承継とは，両親の財産を子供に継がせることだから，無償（タダ）による贈与・相続だけでなく，売買により有償で継がせる方法もある。

◉ 売って承継させるメリット ◉

① 両親が優位な立場で承継を進める

不動産をタダで子供にやって，両親が子供に養ってもらうのではなく，両親の不動産を子供に売却し，両親は投資額を回収する。

② 売却代金は両親が主体となって使う

まず，老後の不足資金に充当し，豊かに暮らす。
次に，相続税の納税資金としてキープする。
最後に，相続税の節税のため孫などに贈与する。

③ 子供の教育になる

子供が両親の財産をタダで相続するのをアテにするのではなく，不動産を購入させることにより，自分名義の財産を残すには，かなり努力が必要なのだと勉強させる。

④ 子供が不動産経営ができる

両親から購入したものが賃収物件であれば，即，子供が賃貸経営ができる。空地であれば，有効活用についての勉強ができる。

> ★財産の承継とは，財産を後継者に引き継がせることである
> ★引き継がせる方法は，タダでヤルだけではなく売却もある
> ★売却すると売却代金が入ってくるので多目的に活用できる

売却による承継方法

　財産を承継させる方法としては，「養子縁組」「売却」「贈与」「信託」「遺言」があります。

　ここでは，財産の承継対策として，「売却」を検討してみます。上記の承継方法のうち，贈与も遺言（相続）も，持ち主の立場からはタダで財産を承継させることになります。汗水流して残した財産ですから，売って，その現金を使って楽しく老後を暮らす手があります。

個人に売るか会社に売るか

　売る相手先として「個人」と「法人」があります。

　個人に売って財産を承継させる場合の相手先は，妻，子供，孫が考えられます。この場合は，時価で売却しなければ，買い主に時価との差額に贈与税が課税されます。会社には，時価の2分の1以上で売るようにしてください（39項）。

売って承継させるメリット

　メリットは図表のとおりです。

① 両親が優位な立場で承継を進める

　　不動産をタダでやって子供に養ってもらうのではなく，不動産を子供に売却し，両親は売却資金で堂々と自活する。

② 売却代金は両親が主体となって使う

　　売却代金は両親の権限で使う。

③ 子供の教育になる

　　両親の財産を子供に買わせることにより，子供に資金調達の苦労や借入金の返済などの責任を持たせる訓練ができる。

④ 子供が不動産経営ができる

　　購入した不動産の賃貸経営を子供にやらせることができる。経営活動のトレーニングとなる。

39 不動産を売るときの税金

● 個人へ売るときの税金 ●

売買価格	安く売ると
時価 （通常の取引価額）	買主に，（時価－売買価格）分の 贈与税がかかる

● 法人へ売るときの税金 ●

売買価格		安く売ると
時価の $\frac{1}{2}$ 以上	売主	時価で譲渡があったものと して，所得税がかかる
	買主	（時価－売買価格）分の法人 税がかかる

居住用財産の特別控除3,000万円がある

　お母さんの居住用の財産を譲渡すると，譲渡所得から3,000万円の控除が受けられるが，住居を失ってしまう。老人ホームに入る場合などには適用できる。

　相続後に「空き家となった被相続人の居住用財産」にも，3,000万円の特別控除がある。

> ★個人には時価で売るが，時価は相続税評価額でよい
>
> ★法人には時価の２分の１以上で売ればよい
>
> ★居住用財産は第三者に売れば3,000万円の控除がある

個人に売却する方法

　個人に売る場合には，残念ながら，時価相場よりも安く売ることはできません。時価１億円としますと，１億円で売却するのが正常ですから，売り主は１億円の収入金額に対して譲渡所得税を計算することになります。

　もし，身内だからといって少し安く売ると，「低額譲渡」の取扱いを受けます。時価１億円の不動産を6,000万円で売却しますと，売り主は6,000万円の収入金額で譲渡所得税を計算します。そして，買い主は時価（通常の取引価額）１億円から6,000万円を差し引いた4,000万円に贈与税が課税されることになります。

　売却時の「時価」ですが，筆者は相続税評価額でよいと考えます。

法人に売却する方法

　不動産を売る相手の会社は「子や孫を株主とする会社」とします。

　現在，経営している会社があり，自社株が安く，子や孫に委譲できれば，自社株を委譲後に不動産を売却します。

　自社株が高く委譲できない場合は，面倒でも，不動産管理会社を新設したほうが良いでしょう。この場合，被相続人を株主から外しておけば，将来，土地の含み益により自社株の評価額が上昇しても，相続税の対象にならないからです。

　不動産の売買は個人に売るには時価ですが，会社に売る場合は，時価の２分の１以上で売ればよいので，会社に売るほうが譲渡所得税が少なくてすみます。

売るお母さんの立場

　居住財産を売却すると，3,000万円の特別控除があり，所得税が安くなります。買う相手が子供では適用がありません。

　相続後の空き家にも適用があります。

40 無償で処分する方法

次の表はメニューを並べたものである。実現させるには，努力と時間が必要になる。

区　分	内　容
寄　　附	市区町村などの公共団体への寄附は条件が厳しく，思いどおりにはできない。 公益団体などの民間団体も，換金できる物件でないと受け取ってもらえない。
低 額 譲 渡	田舎の山林や田畑は売却不能であり，売買価額も決まらないものもあるので，超低額の売買のほうが実態に合致する。
贈与・遺贈	贈与・遺贈の場合は，市場価額より高い相続税評価額で贈与税や相続税が課税されることがある。 近隣住人や縁故者に土地を贈与して，税金がかかれば気の毒である。
相 続 放 棄	相続人全員が相続開始後3ヵ月以内に家庭裁判所に申告する。放棄すると価値ある財産も手放すことになるので，上手に生前贈与をしておかないと実現しない。
物　　納	不良な不動産を物納することが考えられるが，お金のない相続人が不良な不動産を相続し，相続税を納付することになる。国税当局とのやり取りで高等技術を要し，ほとんど実現しない。

★人口が都市に集中し，都市の地価は上昇気味
★都市周辺，郊外，田舎の地価は下落し，売れなくなる
★山間部の土地は不要となり，処分ができなくなった

不要な土地が出てきました

　実は，人口減少社会を迎えて，不動産の価値が二極分化してきました。都市部に人が集まり，その他の地域では過疎化が進んでいます。

　そのため，都市部の土地は地価が上昇しますが，都市周辺，郊外，田舎へと，都市中心部から離れるほど，地価は下落していきます。

　さらに，人が住まない山間部では，土地は「人が住まず，貸せず，使えない」ものとなって，無価値になり，不要な土地となります。

不要な土地は相続しない

　例えば，田舎に実家，田，畑があっても，子供は都会で暮らしており，田舎には帰って来ないとすると，家や田，畑が維持管理できず，放置されます。

　もちろん，買い手はなく，売却もできなければ，相続すると永久に維持・管理費がかかる「負動産」ですから，誰も相続しません。

無償で処分する方法は

　左の図表のとおり，メニューはありますが，実際に無償で処分するには，本気で取り組む努力をしないと，実現しません。

　「寄附」は，市区町村への寄附や公益団体への寄附になりますが，不動産は受け取らないようです。

　「低額譲渡」は，安く売却することをいいます。田舎に住んでいる親戚に，田舎の実家の隣りの人に，あるいは田舎の友人や近隣住民に，超低価額で譲渡（売却）できないか打診します。時価はゼロですから，例えば，１万円で譲渡するなど売買契約にします。

　「贈与」にすると，評価額が高い場合には，もらった人に贈与税がかかりますから嫌われます。

　「遺贈」は，遺言書を書いて，民間団体などに贈与します。

　「相続放棄」や「物納」は専門家にご相談ください。

41 待望の「所有権放棄」が実現する

◉ 所有者不明土地になりやすい典型例と対策 ◉

典型例

・親の家の市場価値が乏しい
・子が親と別居で持ち家がある
・子が共有名義で相続しようと考えている
・子が親の介護や相続に関心が薄い

対策

・修繕など家の劣化を抑える工夫をする
・親の家をだれが相続するのかを早めに決める
・共有名義なら固定資産税などの負担割合を決める
・相続後に住まないなら売却・賃貸を検討
・土地所有権の国庫帰属制度も選択肢

出所：日本経済新聞「マネーのまなび」2021年2月6日

◉ 民法，不動産登記法改正案などの主なポイント ◉

土地・建物の相続登記を義務化	相続開始から3年以内に誰が，どれだけ相続するか登記
	登記しなければ10万円以下の過料
相続人申告登記制度を新設	登記期限に間に合わない場合，相続人の氏名，住所などを登記
不動産所有者の住所，氏名変更登記を義務化	住所変更などを2年以内に登記
	登記しなければ5万円以下の過料
遺産分割協議の期間を設定	相続開始から10年を過ぎると原則法定相続割合で分ける
土地所有権の国庫帰属制度を新設	国が一定の条件を満たす土地を引き取る
	相続人が10年分の管理費を負担

出所：日本経済新聞「マネーのまなび」2021年2月6日
※上記改正法案は，2021年4月21日の参議院本会議で可決成立した。2024年をめどに施行される。

> ★都市から離れた不動産の所有意識が希薄化した
> ★「相続登記・住所変更登記」未了が増え「所有者不明土地」になる
> ★「所有財産放棄」ができるようになり，悩みが解消する

所有者不明土地が増加

　特に地方都市では，所有者不明土地が増加しています。都市部への人口移動や少子高齢化を背景に，相続人の土地所有意識が希薄化し，土地を利用したいというニーズも低下しています。「所有者不明土地になりやすい典型例と対策」は，左の上の図表のとおりです。

　所有者不明になる原因の70％弱が「相続登記未了」で，30％強が「住所変更登記未了」です。これらをなくすため，改正法が可決され，2024年をめどに法律が施行されます。

民法・不動産登記法改正

　改正の主なポイントは，次の3つです。

　1つ目のポイントは，相続開始から3年以内に相続登記が義務化されます。また，不動産の所有者が住所を変えた場合も2年以内に登記が義務化されます。

　2つ目のポイントは，相続開始から10年を過ぎると，法定相続割合で登記がされます。

目玉商品「所有権放棄」

　3つ目のポイントは，「土地所有権の国庫帰属制度」が新設されることです。

　これは，「相続人が不要と判断した土地を国が引き取る」ものですから，前40項の悩みが一気に解消する朗報です。

　この制度で「所有権放棄」するためには，次のような一定の要件を満たさなければなりません。

① 相続人は10年分の管理費を払うこと。
② 土地は更地が条件で，建物は解体すること。
③ 抵当権の設定がないこと。
④ 境界争いがない，土壌汚染がないこと。

42 不動産に対する子・孫の希望

相続人に次の物件の処理について，相談を持ちかけ会話する。会話の中から「相続人の希望」をキャッチする

事業用	山林，農地（誰が承継したらよいか？） 宅地・事業用（事業の承継は誰にするか？） 宅地・貸付用（賃貸の経営は誰が適任か？）
居住用	自宅（住む人は誰か？）
換金用	空き地・ガレージ（納税資金・老後資金用）
その他	空き地 遊休地　（この土地は誰が欲しがっているか？）

相 続 人 の 希 望

その不動産が欲しい人に	その不動産は要らない
①売却する物件	④第三者に換金処分する物件
②贈与する物件	⑤無償で処分する物件
③相続させる物件	⑥「所有権放棄」する物件

> ★相続人には，「不動産」が貴重な財産ではなくなった
> ★お母さんは，「不動産」についての相続人の希望を聞く
> ★相続人の希望により，「不動産」を処分する

不動産のたな卸

上の図表に，不動産の用途別にまとめた表があります。

これらの物件の1つひとつについて，相続人の希望を，内緒の話で，お母さんが1人ひとりに，日頃から，何気なく世間話の合間に聞き取ってください。

「事業用」の山林，農地は，将来，田舎に帰ってくる気があるか？を聞きます。「事業用」の宅地は事業の承継者を決めます。

「貸付用」の宅地・建物も承継者を決めます。「居住用」は，誰が住むのか，子供と孫の1人ひとりに聞きます。「換金用」や「その他の空き地」についても，相続人1人ひとりに，希望を聞いてください。

不動産が欲しい相続人

下の表の左側に，お母さんがどのように承継させるかを決めていきます。

① 相続人に売却する

38項の「ヤル」のではなく「ウル」方式です。最も合理的で，不動産の子供への承継と，「資金」の回収が同時にできます。

対象物件は，事業用の宅地や貸付用（賃貸経営の貸家やアパート）の不動産として，子供に売却します。子供は借入金を背負いますが，家賃で返済ができます。

② 生前贈与は，いつ実行するかを決めます。

③ 相続は，遺言または死因贈与契約書を作成し，確実にします。

不要な不動産の処理

相続人が要らない不動産は，早めに処分の手続きに入ります。

④ 第三者への売却は，老後の必要資金の確保に欠かせません。

⑤ 無償の処分は努力が必要です。

⑥ 「所有権放棄」は前項のとおりです。

相続税早見表（子供だけ）

● 子どもだけの場合（2次相続）●

相続額 ＼ 相続人	子ども1人	子ども2人	子ども3人
5,000万円	160万円	80万円	20万円
6,000万円	310万円	180万円	120万円
7,000万円	480万円	320万円	220万円
8,000万円	680万円	470万円	330万円
9,000万円	920万円	620万円	480万円
1億円	1,220万円	770万円	630万円
1.5億円	2,860万円	1,840万円	1,440万円
2億円	4,860万円	3,340万円	2,460万円
3億円	9,180万円	6,920万円	5,460万円
4億円	14,000万円	19,200万円	8,980万円
5億円	19,000万円	15,210万円	12,980万円
10億円	45,820万円	39,500万円	35,000万円
20億円	100,820万円	93,290万円	87,760万円

　父親はすでに亡く，配偶者である母が亡くなった場合です。この場合には配偶者の税額軽減がありませんので税金は高くなります。

3編

贈与の税務と節税

　本書では，暦年課税を「Ａ方式」，相続時精算課税を「Ｂ方式」と呼んでいます。本書だけの呼び名ですから，ご注意ください。

　8章は，非課税となる贈与をまとめています。生活費・教育費の必要に応じた金額については，限度や制限はなく非課税です。配偶者には，自宅がプレゼントできます。

　そして，大型非課税贈与を4項目説明しています。実際に活用される場合には，高額ですので，税理士の助言・指導を受けてください。

　9章は，Ａ方式の説明をしています。お母さんが「重病になったら孫や嫁に贈与する」（教訓4）ことです。これは，相続人以外の人に贈与すれば，加算規定が適用されず，相続税の節税になります。

　そして，多額に相続税がかかる人は，Ａ方式で長期・分割贈与を続け，毎年110万円の基礎控除（財産が多い場合には節税範囲額・57項）をフルに使って相続税の節税を図ります。相続税がかからなければ，実行しなくて良いのです。

　10章は，Ｂ方式の説明をしています。Ｂ方式は評価額が上昇する前に贈与をした場合には，相続税の節税になりますが，それ以外では節税になりません。

　しかし，「大口の資金援助」「財産承継・分割」など，節税以外の使い道が魅力的です。

　11章は，Ａ方式とＢ方式の併用をお勧めしています。

43 非課税贈与は最優先で実行

区分	内　容	適用期限など
主な非課税贈与	①直系尊属からの住宅取得資金の贈与1人1,500万円まで	平成27年1月1日から令和3年12月31日
	②直系尊属からの教育資金の贈与1人1,500万円まで	平成25年4月1日から令和5年3月31日
	③直系尊属からの結婚・子育て資金の贈与1人1,000万円まで	平成27年4月1日から令和5年3月31日
	④扶養義務者相互間の教育費, 生活費の贈与	
	⑤特別障害者に対する贈与6,000万円まで平成25年4月1日以後の特定障害者に対する贈与3,000万円まで	期限はなし
	⑥配偶者への居住用財産等の贈与2,000万円まで	
Aの贈与方式	毎年110万円の基礎控除までの贈与税は課税されない	財産を削り込む効果があり, 相続税の節税になる
Bの贈与方式	2,500万円の特別控除額を超えた部分に20%の贈与税が課税される相続時には精算する	財産承継対策として効果がある

> ★非課税贈与は受贈者にとっては贈与税が非課税となる
> ★贈与者には贈与分の財産が減り，相続税の節税になる
> ★非課税の贈与があれば最優先で適用するべきである

　贈与税の非課税規定を検討します。以前からの非課税贈与に新たな非課税贈与が創設されています。

　「受贈者」は贈与税が非課税となりますが，「贈与者」の立場からは，贈与分だけ財産を減少させる効果がありますから，相続税の節税になるのです。非課税贈与を活用すれば，一挙両得です。

非課税贈与のメニュー

① 　直系尊属からの住宅取得資金の非課税贈与は図表①のとおりです。祖父母や父母から子供や孫への資金の贈与です（**48**項）。

② 　直系尊属からの教育資金の非課税贈与は図表②のとおりです。祖父母や父母から子供や孫への信託による資金の贈与です。10人の子供や孫に１人1,500万円ずつ贈与すれば，１億5,000万円も財産を削り込むことができ，相続税の節税に活用できます（**49**項）。

③ 　直系尊属からの結婚・子育て資金の非課税贈与は図表③のとおりです（**50**項）。

④ 　扶養義務者相互間の教育費，生活費の非課税贈与ですが，もともと必要な都度，教育費や生活費を贈与するのは非課税です。これは使い勝手の良い制度ですから検討してください（**44**項）。

⑤ 　昔からある特別障害者に，特定障害者が加わりました（**47**項）。

⑥ 　お馴染みの配偶者への居住用財産の非課税贈与です（**46**項）。

A方式の贈与

　毎年110万円が非課税で贈与できます。長期間に分けて，分割して贈与を続ければ，相続税の節税になります（９章）。

B方式の贈与

　この贈与財産は，相続時の相続財産に加算して相続税を計算しますから，相続税の節税にはなりません。しかし，多額の贈与ができますから，財産承継（財産分け）などに活用できます（３章）。

44 生活費や教育費の贈与は非課税

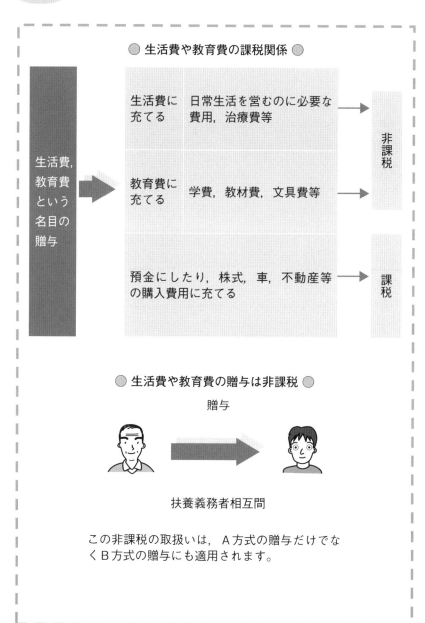

● 生活費や教育費の課税関係 ●

生活費,教育費という名目の贈与

生活費に充てる	日常生活を営むのに必要な費用,治療費等	非課税
教育費に充てる	学費,教材費,文具費等	非課税
預金にしたり,株式,車,不動産等の購入費用に充てる		課税

● 生活費や教育費の贈与は非課税 ●

贈与

扶養義務者相互間

この非課税の取扱いは,A方式の贈与だけでなくB方式の贈与にも適用されます。

> ★扶養義務者相互間の生活費や教育費の贈与は非課税である
> ★生活費は食費，衣料費，住居費，光熱費などである
> ★教育費は入学金，授業料，学校給食費，教材費などである

生活費・教育費は非課税

民法では，夫と妻，親と子，祖父母と孫，兄弟姉妹などの親族間では，お互いに扶養する義務があると定められています。

その扶養義務者相互間の生活費や教育費に充てるための資金の贈与で，通常必要と認められるものについては非課税とされています。

そのため，祖父母や父母が子供や孫の生活費や教育費を負担しても，贈与税はかかりません。

生活費とは

「生活費」とは，食費，衣料費，住居費，水道光熱費，養育費，治療費，その他これらに準ずるものをいい，その人の社会的，経済的地位等から考えて，通常の生活を営むのに必要な費用をいいます。

教育費とは

「教育費」とは，子供の教育上，通常必要と認められる学費，教材費，文具費等をいいます。これは国内・国外を問いませんし，義務教育に限られません。

例えば，孫が海外留学をするとき，その費用を祖父が支払ったときは，これは通常必要なお金ということになり，金額が多くても贈与税は非課税です。

通常必要と認められるもの

「通常必要と認められるもの」とは，扶養者の需要と，扶養義務者の資力，その他一切の事情を勘案して社会通念上，適当と認められる範囲です。

生活費や教育費の名目で贈与しても，例えば，それを子供が自分名義の定期預金にしたり，株を購入したり，不動産を買う資金に充てたりした場合には，それらは通常必要なものとはいえませんから，その部分については，贈与税が課税されることになります。

45 同居して子供の財産を殖やす

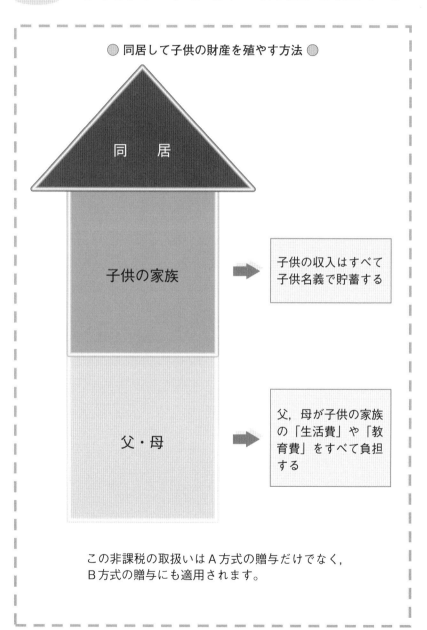

● 同居して子供の財産を殖やす方法 ●

同　居

子供の家族　　➡　子供の収入はすべて子供名義で貯蓄する

父・母　　➡　父，母が子供の家族の「生活費」や「教育費」をすべて負担する

この非課税の取扱いはＡ方式の贈与だけでなく，
Ｂ方式の贈与にも適用されます。

★親が子供や孫の生活費を非課税で贈与することができる
★子供は余ったお金を預金すれば，預金が備蓄される
★教育資金を1,500万円まで非課税で贈与する制度がある

非課税で贈与

　前項で述べたように，「扶養義務者」相互間の生活費や教育費として贈与された財産で，通常必要と認められるものは，贈与税が非課税とされています。

　親と子供が同一世帯で生計を一にする場合，親が扶養義務に基づき子供と孫の生活費，教育費を全額非課税で贈与できます。これは親の財産を減少させるので，相続税の節税対策になります。

　そこで，親が生活費や教育費を年間300万円非課税贈与して，子供は自分の収入金から年間300万円預金しますと，10年間で預金は3,000万円にもなりますが，この預金は実質的に親からの非課税贈与です。

　貯蓄をせず，先に子供が借金をして不動産や自社株を購入した後に，その借入金の返済資金に充当することもできます。

　この方式は，同居でなく，別居していても可能です。

贈与する場合のポイント

　生活費または教育費を贈与する場合のポイントは2つあります。

　1つは，非課税となるのは生活費や教育費として直接これらに充てるものに限られます。いくら生活費，教育費の名目で贈与したとしても，それを預金にしたり，株式や不動産の購入に充てている場合には贈与税がかかります。

　2つ目のポイントは，生活費や教育費は，必要な都度渡すことです。例えば，家賃としてまとめて200万円分贈与するという場合には，贈与税がかかります。

教育資金非課税贈与

　平成25年4月1日から令和5年3月31日までの間に，直系尊属から教育資金の一括贈与を受けた場合，1人当たり1,500万円までが非課税となります（**49**項）。

46 妻に自宅をプレゼントする

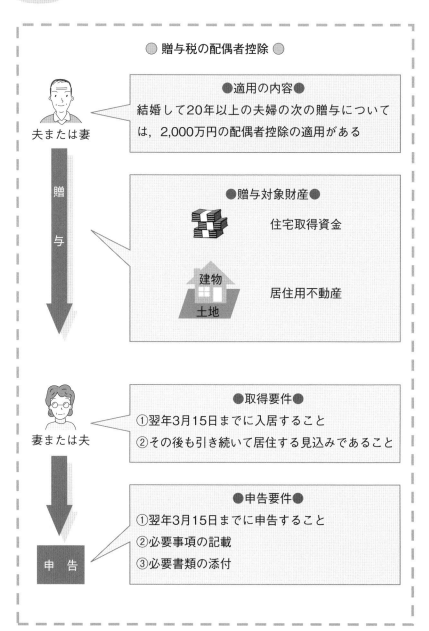

○ 贈与税の配偶者控除 ○

夫または妻

●適用の内容●

結婚して20年以上の夫婦の次の贈与について
は，2,000万円の配偶者控除の適用がある

贈
与

●贈与対象財産●

住宅取得資金

建物
土地

居住用不動産

妻または夫

●取得要件●

①翌年3月15日までに入居すること
②その後も引き続いて居住する見込みであること

●申告要件●

①翌年3月15日までに申告すること
②必要事項の記載
③必要書類の添付

申　告

> ★婚姻期間20年以上の配偶者に居住用不動産を非課税贈与
> ★居住用の宅地，借地権，建物，取得のための金銭が対象である
> ★（2,000万円＋110万円）を超えるとA方式により課税される

婚姻期間20年以上

　婚姻期間が20年以上の配偶者に，2,000万円の居住用不動産が非課税で贈与できます。これを，「贈与税の配偶者控除」といいます。さらに，その年のA方式の基礎控除110万円がありますから合計では2,110万円になります。

　「婚姻期間が20年以上」とは，婚姻の届出があった日から，贈与があった日までの期間が丸20年以上（婚姻届出の日から20年目の応答日以降）なければなりません。

居住用不動産

　控除の対象となる「居住用不動産」は，もっぱら居住の用に供する，①土地，②土地の上に存する権利（借地権），③建物，④これらの財産を取得するための金銭とされており，日本国内に所在するものに限られます。

　「2,000万円」の金額は，取引時価ではなく，相続税評価額によります。不動産の相続税評価額は取引時価の約80％ですから，④の金銭の贈与よりも，有利といえます。

贈与のしかた

　土地の贈与のしかたについて説明します。①居住用の土地の相続税評価額を計算します。②土地の評価額が2,000万円以下であれば，土地を全部贈与し，さらに建物（評価額は固定資産税評価額と同額）の一部または全部を贈与します。③土地の評価額が2,000万円を超えるときは，土地の全体の評価額に対する2,000万円分の比率を算出し，持分の移転登記をします。例えば，6,000万円の評価額であれば，3分の1の持分を妻に贈与します。

　贈与日の翌年3月15日までに入居し，税務署に贈与税の申告書を提出します。評価から申告まで税理士に相談されるとよいでしょう。

47 「特別障害者」に6,000万円贈与

○ 特別障害者扶養信託契約 ○

受託者

信託会社の
1つの営業所

委託者

信託財産

個人

金銭
有価証券
金銭債権
立木及びその林地
賃貸用不動産
居住用不動産（特別障
害者が居住するもので,
上記の収益財産ととも
に信託されるもの）

信託
受益権

受益者

収益の受益権
と元本の受益
権の全部

1人の
特別障害者

特　別　障　害　者	特　定　障　害　者
① 精神上の障害により事理を弁識する能力を欠く常況にある者又は児童相談所, 知的障害者更生相談所, 精神保健福祉センター若しくは精神保健指定医の判定により重度の知的障害者とされた者。 ② 精神障害者保健福祉手帳に障害等級が1級である者として記載されている者。 ③ 身体障害者手帳に身体上の障害の程度が1級又は2級である者として記載されている者。	④ 精神上の障害により事理を弁識する能力を欠く常況にある者又は児童相談所, 知的障害者更生相談所, 精神保健福祉センター若しくは精神保健指定医の判定により知的障害者とされた者。 ⑤ 精神障害者保健福祉手帳の交付を受けている者。 ⑥ 精神又は身体に障害のある者で, その障害の程度が④又は⑤に掲げる者に準ずる者として市町村長の認定を受けている者。

> ★特別障害者の信託受益権の贈与は6,000万円まで非課税
> ★特定障害者の信託受益権の贈与は3,000万円まで非課税
> ★特定障害者の取扱いは平成25年4月1日以後から適用

特別障害者扶養信託契約

　精神または身体に重度の障害がある者（以下「特別障害者」という）が，特別障害者扶養信託契約に基づく信託受益権の贈与を受けた場合には，その信託の際に「障害者非課税信託申告書」を信託会社の営業所を経由して特別障害者の納税地の税務署長に提出することにより，信託受益権の価額（信託財産の価額）のうち6,000万円までは贈与税が課税されません。

　特別障害者は図表の下のとおりです。ここでは，一部抜粋して記載しています。この他にも適用が受けられる方がおられますので，信託会社などにお問い合わせください。

　これまでは信託期間の終了は「特別障害者の死亡後6か月を経過する日まで」となっておりましたが，平成25年4月1日以後は「特別障害者の死亡の日」とされました。特別障害者に対するその他の取扱いにつきましては従来どおりです。

特定障害者が追加

　平成25年の改正で，適用対象となる障害者について，図表の下のとおり，新たに「特定障害者」が追加されました。「特定障害者」の非課税限度額は3,000万円とされました。

　この改正は，平成25年4月1日以後に締結される特定障害者扶養信託契約に差づく信託について適用されます。

信託契約

　図表は，特別障害者扶養信託契約のしくみです。委託者は制限はありません。信託財産は図表のとおりです。受託者は信託会社または信託銀行です。そして受益者は障害者です。

　信託契約の要件として，信託契約の取消しや解除，信託期間や受益者の変更はできないこととされています。

48 「住宅取得資金」を1,500万円贈与

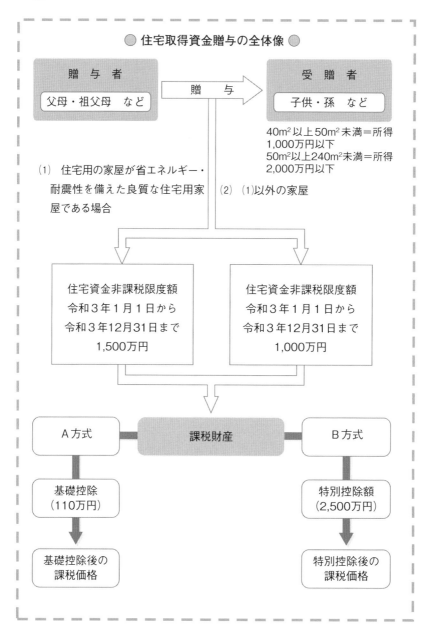

● 住宅取得資金贈与の全体像 ●

贈 与 者	贈 与 →	受 贈 者
父母・祖父母　など		子供・孫　など

40m² 以上 50m² 未満＝所得
1,000万円以下
50m² 以上 240m² 未満＝所得
2,000万円以下

(1) 住宅用の家屋が省エネルギー・
耐震性を備えた良質な住宅用家
屋である場合

(2) (1)以外の家屋

住宅資金非課税限度額 令和3年1月1日から 令和3年12月31日まで 1,500万円	住宅資金非課税限度額 令和3年1月1日から 令和3年12月31日まで 1,000万円

A方式	課税財産	B方式
基礎控除 （110万円）		特別控除額 （2,500万円）
基礎控除後の 課税価格		特別控除後の 課税価格

★住宅取得資金の贈与の適用は令和３年12月31日まで
★住宅取得資金の贈与の適用は直系尊属から子供・孫への贈与
★住宅を新築，取得または増改築するための金銭の贈与

制度の概要

　「直系尊属から住宅取得資金の贈与を受けた場合の贈与税の非課税（以下，「住宅取得資金の贈与」といいます）」の全体像は図表のとおりです。この制度の概要は次のとおりです。

①　この住宅取得資金の贈与は，平成27年１月１日から令和３年12月31日までの間の贈与に限られます。

②　贈与者は父母・祖父母・養父母等，受贈者の直系尊属に限られています。

③　この贈与者からの，住宅用家屋の新築，建売住宅や分譲マンションの取得または増改築（リフォーム）に充てるための金銭（以下「住宅取得資金」といいます）の贈与（死因贈与は除きます）についての制度です。住宅取得資金の贈与を受けた一定の受贈者を「特定受贈者」といいます。

④　特定受贈者が住宅取得資金の贈与を受けた年の翌年の３月15日までに，一定の家屋等を取得し，居住の用に供したときは，非課税限度額までは，贈与税が非課税になる制度です。

改正になっています

　2021（令和３）年度の改正で対象となる建物の広さが40m²以上になりましたが，この受贈者は所得金額が1,000万円以下になっています。50m²以上の場合は，所得金額が2,000万円以下です。

Ａ・Ｂ方式との関連

　この住宅取得資金の贈与は非課税の規定ですから，非課税限度額を超えた部分について，通常の贈与税が課税されます。

　Ａ方式の場合には，超過額から110万円の基礎控除を引いた後，税率を適用します。Ｂ方式の場合には，超過額から特別控除額2,500万円を控除した後，20％の税率を適用します。

49 「教育資金」を1,500万円贈与

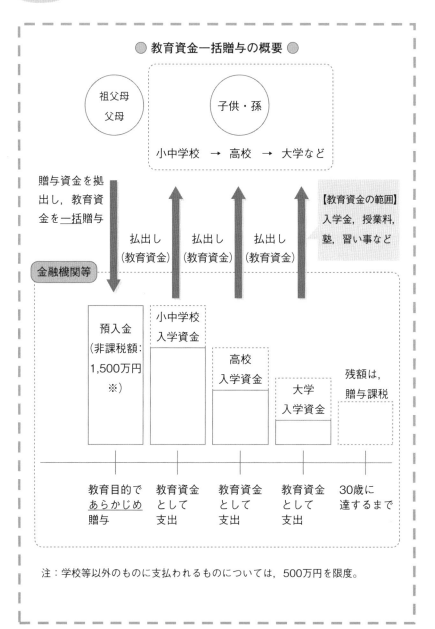

○ 教育資金一括贈与の概要 ○

祖父母
父母

子供・孫

小中学校 → 高校 → 大学など

贈与資金を拠
出し，教育資
金を一括贈与

払出し
(教育資金)

払出し
(教育資金)

払出し
(教育資金)

【教育資金の範囲】
入学金，授業料，
塾，習い事など

金融機関等

預入金
(非課税額：
1,500万円
※)

小中学校
入学資金

高校
入学資金

大学
入学資金

残額は，
贈与課税

教育目的で
あらかじめ
贈与

教育資金
として
支出

教育資金
として
支出

教育資金
として
支出

30歳に
達するまで

注：学校等以外のものに支払われるものについては，500万円を限度。

★平成25年4月1日から令和5年3月31日までの贈与が対象
★祖父母・父母が子供・孫に教育資金を一括贈与する
★受贈者1人当たり1,500万円までが非課税になる

　税法では「直系尊属から教育資金の一括贈与を受けた場合の贈与税の非課税」という条文のタイトルがついています。本書では，この規定を短縮して「教育資金」と呼ぶことにします。

イメージ図

　はじめに図表で「教育資金」の全体像をつかんでください。

　「祖父母・父母」が「子供・孫」に教育資金を一括贈与します。

　この贈与について，1,500万円（このうち 学校以外のものに支払われるものは500万円が限度）までは贈与税が非課税になります。

　払出しは教育資金の領収書を金融機関に提出して行われます。金融機関では払出しについては，かなり厳格に管理されます。

　子供や孫が小・中学校，高等学校，大学，そして社会人教育を受けるため，30歳に達する（30歳未満）までは，払出しが可能です。30歳になった時点で資金の残高があれば，贈与税が課税されます。

教育資金一括贈与の概要

　平成25年4月1日から令和5年3月31日までの間に，受贈者が直系尊属から教育資金の贈与を受けた場合に，「信託受益権」「金銭」「金銭等」で「税法上の要件」を満たすものの価額のうち1,500万円までは贈与税を非課税とする規定です。

　上記の「税法上の要件」は，次のとおりです。

① 　個人が，贈与者と信託会社との間の教育資金管理契約に基づき「信託受益権」を取得すること。

② 　個人が，贈与者から書面による贈与により取得した「金銭」を教育資金管理契約に基づき銀行で預金に預け入れをすること。

③ 　個人が，教育資金管理契約に基づき贈与者から書面による贈与により取得した「金銭もしくは公社債投資信託のうちMRFやMMF（金銭等）で」証券会社において有価証券を購入すること。

50 「結婚・子育て資金」を1,000万円贈与

●「結婚・子育て資金」一括贈与の非課税 ●

贈　与　者 父母・祖父母	→贈与 1,000万円 まで	受　贈　者 20歳以上50歳未満の子供・孫など

50歳までに結婚・子育て
資金として支出

区　分	内　容
期　　　　　　間	平成27年4月1日から令和5年3月31日まで。
贈　与　財　産	結婚費用・子育て費用に充てるための金銭等。
贈　与　手　段	金銭などを金融機関（信託銀行，銀行等）に信託等する。
非 課 税 限 度 額	結婚費用（法定のもの）と子育て費用（法定のもの）を合わせて1,000万円を限度（結婚費用は300万円を限度）。
受贈者の所得要件	贈与を受ける年の前年の合計所得金額が1,000万円以下。
令和3年度の改正	適用条件が厳しくなります。祖父母の死亡時に，使い切れず残った資金について，孫がその資金を相続で得たものとみなし，相続税額とその2割が加算されます。

> ★直系尊属から，結婚・子育て資金を非課税で一括贈与できる
> ★平成27年4月1日から令和5年3月31日までの贈与に限られる
> ★受贈者1人につき1,000万円（結婚費用300万円）まで

非課税の概要

　直系尊属から結婚・子育て資金の一括贈与を受けた場合の贈与税の非課税制度は，2015（平成27）年度の税制改正によって新設されました。

　20歳以上50歳未満の受贈者が，結婚・子育て資金に充てるために，直系尊属と信託会社との間の「結婚・子育て資金管理契約」に基づき信託受益権を取得した場合には，受贈者1人につき1,000万円（結婚費用については300万円）までの金額について非課税とするものです。

　この規定は平成27年4月1日から令和5年3月31日までの間に拠出されるものに限り適用されます。

　平成31年4月1日以後に取得する信託受益権については，受贈者が取得した前年の所得金額が1,000万円以下の者に限られています。

対象となる「結婚・子育て資金」

　次の費用に充てるための金額をいいます。

① 　結婚に際して支出する婚礼（結婚披露宴を含む）に要する費用，住居に要する費用，および引越しに要する費用のうち一定のもの

② 　妊娠に要する費用，出産に要する費用，子供の医療費及びこの保育料のうち一定のもの

払出し確認等

　受贈者は，払い出した金銭を結婚・子育て資金の支払いに充当したことを証する書類を金融機関に提出します。

　金融機関は，提出された書類により払い出された金銭が支出に充当されたことを確認し，その金額を記録し，その書類および記録を契約の終了の日の翌年3月15日後6年を経過する日まで保存しなければなりません。

51 暦年課税（A方式）の贈与税の計算方法

● 贈与税額の計算式 ●

課税価格＝1年間に贈与を受けた財産の価額－非課税財産
基礎控除後の価格（A）＝課税価格－基礎控除額（110万円）
贈与税額＝基礎控除後の価格（A）×税率（B）－控除額（C）

● 贈与税の税率（速算表・一部）●

（平成27年1月1日以後・一般税率）

基礎控除後の価格（A）	税率（B）	控除額（C）
200万円以下	10%	－
200万円超 ～ 300万円以下	15%	10万円
300万円超 ～ 400万円以下	20%	25万円
400万円超 ～ 600万円以下	30%	65万円
600万円超 ～ 1,000万円以下	40%	125万円

税額＝（A）×（B）－（C）

● 令和×年の贈与税の計算例 ●

父	母	姉
140万円	180万円	10万円

本　人

課税価格＝330万円
基礎控除後の価格（A）220万円＝330万円－110万円
贈与税額・23万円＝（A）220万円×（B）15%－（C）10万円

> ★A方式により取得した受贈財産の価額を集計する
> ★課税価格から年110万円の基礎控除を引き（A）を計算する
> ★速算表により，（A）×税率－控除額＝贈与税額を計算する

贈与税の課税価格

　暦年課税を本書ではA方式と呼びます。A方式の贈与税を計算する手順を説明します。その年の1月1日から12月31日までに，A方式により贈与を受けた贈与財産を集計します。

　B方式（**58**項）は別に税額を計算しますから，B方式を選択した親からの贈与財産は，この集計からは除きます。そして，非課税財産は除いて，課税価格を計算します。

　贈与財産を集計するときは，1年間に同じ人から2回以上贈与を受けた場合も，祖父母や父母からも贈与を受けている場合にも，A方式の贈与を受けた財産はすべて合計します。この贈与を受けた財産額の合計を課税価格といいます。

控除後の課税価格（A）

　課税価格から，「配偶者控除額」と「基礎控除」を差し引いた後の「控除後の課税価格（A）」を計算します。

　「配偶者控除額」は，婚姻期間が20年以上である配偶者から居住用財産の贈与を受けた者が，贈与を受けた財産を翌年の3月15日までに居住の用に供しているときは，課税価格から最高2,000万円までが控除されるというものです（**46**項）。

　「基礎控除」は年間110万円です。課税価格から控除されます。

税額の計算

　速算表（一般贈与と特例贈与**52**項）を用いて贈与税額を計算します。
贈与税額＝控除後の課税価格（A）×税率－控除額

　図表の一番下の計算例では，課税価格は140万円＋180万円＋10万円＝330万円になります。330万円－基礎控除110万円＝（A）は220万円になります。（A）220万円×15％－10万円＝23万円が贈与税額です。

52 贈与税率の取扱い

特例贈与の速算表

直系尊属→20歳以上の者の場合 (Ⓐ)		
課税価格	税率	控除額
200万円以下	10%	―
400万円以下	15%	10万円
600万円以下	20%	30万円
1,000万円以下	30%	90万円
1,500万円以下	40%	190万円
3,000万円以下	45%	265万円
4,500万円以下	50%	415万円
4,500万円超	55%	640万円

一般贈与の速算表

上記以外で通常の贈与の場合 (Ⓑ)		
課税価格	税率	控除額
200万円以下	10%	―
300万円以下	15%	10万円
400万円以下	20%	25万円
600万円以下	30%	65万円
1,000万円以下	40%	125万円
1,500万円以下	45%	175万円
3,000万円以下	50%	250万円
3,000万円超	55%	400万円

※Ⓐの20歳は令和4年4月1日以降は18歳

贈与税額の計算

課　税　価　格
1年間の受贈額の合計 －　基礎控除110万円

×　税率　%

－　控除額

贈与税額

税率が異なる場合の贈与税額の計算

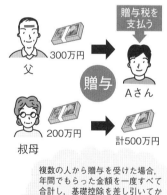

父　300万円

贈与

贈与税を支払う

Aさん

叔母　200万円　計500万円

複数の人から贈与を受けた場合，年間でもらった金額を一度すべて合計し，基礎控除を差し引いてからそれぞれの税率の計算をする，というしくみです。

（計算例）

❶贈与された金額から基礎控除を差し引く
500万円－110万円＝390万円
　　　　　　（基礎控除）

❷それぞれの税率で計算する
（使用する速算表：父➡上記Ⓐ／叔母➡Ⓑ）

父：(390万円×15%－10万円)×$\frac{300}{500}$
　　　　　　　　　（控除額）
＝29.1万円

叔母：(390万円×20%－25万円)×$\frac{200}{500}$
　　　　　　　　　（控除額）
＝21.2万円

❸❷の金額を合計する
＝29.1万円＋21.2万円＝50.3万円

Aさんの贈与税支払額 50.3万円

> ★特例贈与の速算表は，直系尊属から20歳以上の子・孫への贈与
> ★1年間の受贈財産が特例贈与のみ，一般贈与のみの場合はⒶまたはⒷ
> ★1年間の受贈財産が特例贈与と一般贈与がある場合はあん分計算

　2015（平成27）年１月１日以後に贈与により取得した財産に適用される贈与税の税率は，受贈者の年齢およびその者と贈与者との関係（続柄）に応じて２種類の異なる税率が採用されています。

　左の一番上が特例贈与の速算表。その下が一般贈与の速算表です。

特例贈与の速算表Ⓐ

　これは，20歳以上である受贈者が直系尊属から贈与を受けた財産（特例贈与財産）に適用される贈与税の税率です。

　この税率が適用される例としては，父母から子供（20歳以上）への贈与，祖父母から孫（20歳以上）への贈与になります。この場合「20歳以上」かどうかの判定はその年の１月１日において行います。

　また，この「20歳以上」の年齢は，令和４年４月１日以後の贈与により取得した財産に係る贈与税については「18歳以上」とされます。

一般贈与の速算表Ⓑ

　これは，上記以外の形態で贈与を受けた財産（一般贈与財産）に適用される贈与税の税率です。

　この税率が適用される例としては，受贈者である子供や孫の年齢が20歳（または18歳）未満である場合，夫婦間の贈与，兄弟姉妹間の贈与，義父（義母）からの贈与，他人間の贈与になります。

２種類の贈与がある場合の計算

　少し複雑ですが，下の図表のとおりです。両方の贈与を合計し基礎控除を差し引きます。その全体にⒶの税率を適用し，全体の受贈財産500万円に対する特例贈与財産300万円により，あん分した税額を計算します。

　次に全体にⒷの税率を適用し，全体の受贈財産500万円に対する一般贈与財産200万円により，あん分した税額を計算します。この２つの税額の合計額を支払います。

53 3年以内の贈与は加算される

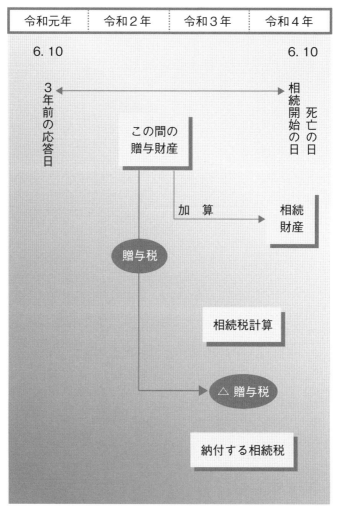

● 贈与財産の加算規定 ●

令和元年	令和2年	令和3年	令和4年
6. 10			6. 10

3年前の応答日 ← 3年 → 相続開始の日 死亡の日

この間の贈与財産

加　算 → 相続財産

贈与税

相続税計算

△ 贈与税

納付する相続税

注：配偶者の居住用財産の贈与は加算されない（46項）。
　　被相続人以外からの贈与については加算されない。

> ★A方式でも相続開始前３年以内の贈与財産は相続財産に加算
> ★加算して相続税額を計算し，支払った贈与税は控除
> ★加算は贈与しなかった状態に戻るだけだから贈与を恐れない

相続開始前３年以内の贈与財産は相続財産に加算されますが，この点をもう少し詳しく説明します。

贈与財産を相続財産に加算

この規定は，相続または遺贈により財産を取得した者が，相続の開始前３年以内に被相続人から贈与を受けた場合には，その贈与により取得した財産の価額を相続税の課税価格に加算して，納付すべき相続税を計算することになっています。

この場合，贈与により取得した財産につき課税された贈与税があるときは，その贈与税額は相続税額から控除されます。

図表の内容

以上の関係を，図表にまとめています。令和４年６月10日を相続開始の日としますと，その３年前の応答日である令和元年６月10日以後に贈与を受けた財産は，相続財産に加算されます。加算後の相続税額から贈与税額が差し引かれ，納付する相続税が計算されます。

つまり，この贈与財産の加算規定は，贈与がなかったものとして，相続税を課税し，贈与税は課税しないことにするもので，二重に課税されるものではありません。

ただ，贈与税の基礎控除やそれぞれの税率の関係で有利，不利は生じます。しかし，もともと贈与をしなかった場合と同じ結果になるだけですから，あまり恐れることではありません。

Ｘデイはわからない

相続開始の日がいつになるかは誰にもわかりません。加算されても，贈与する前に戻るだけですから，「被相続人の財産が多い場合には贈与の加算規定を恐れず相続人にも贈与を続ける」べきです。

相続開始が近そうでも，贈与をためらわず，財産承継をするためには，思い切ってドンドン贈与を続行することです

54 重病になったら孫や嫁に贈与する（教訓4）

○ A方式の贈与財産の加算規定 ○

相続財産に加算される贈与財産は,

相続または遺贈により財産を取得した人が

相続開始前3年以内に

被相続人から贈与を受けた財産に限られる。

「相続または遺贈により財産を取得した人」
以外の者への贈与財産は加算されない

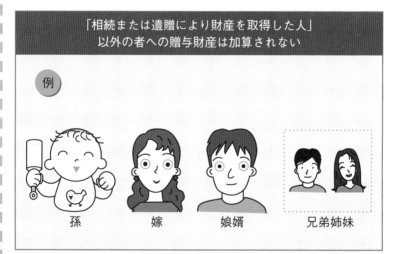

例

| 孫 | 嫁 | 娘婿 | 兄弟姉妹 |

注：相続時精算課税制度を選択した場合には, すべての受贈財産を相続財産に加
　　算します（58, 63項）。

> ★相続により財産を取得しない人の贈与財産は加算されない
> ★重病になったら孫や嫁に贈与する（教訓４）
> ★配偶者への居住用財産の贈与は相続開始の年も加算されない

加算される人

　通常は，相続人である妻や子供が，被相続人から受けた相続開始前３年以内の贈与財産は，相続財産に加算されて相続税が計算されます。ただ，贈与税の配偶者控除を適用する贈与財産は加算されません。

　したがって，被相続人が入院されて病状が悪化したり，介護の等級が上がることになったり，重病人になった場合など，相続開始間近に相続人に対して行った贈与は，節税策としてはあまり効果がないことになります。

加算されない人

　ところで，図表のとおり，「相続財産に加算される贈与財産」は，「相続または遺贈により財産を取得した人」が，「相続開始前３年以内」に，「被相続人から贈与を受けた財産」に限られます。

　そのため，相続または遺贈により財産を取得しない人に贈与した場合は，加算規定は適用されないことになります。

　そこで，相続または遺贈により財産を取得しない孫，嫁，娘婿，兄弟姉妹に贈与すれば加算されないことになります。

重病になったら孫や嫁に贈与する（教訓４）

　ここで，誰に贈与すれば良いかをまとめてみます。

① 相続人に対しては相続開始前３年を超えていれば加算規定の適用がありませんから，できるだけ早い時期から贈与します。

② お母さんが「重病になったら孫や嫁に贈与する」（教訓４）ことです。これは，相続開始が近づいて緊急に贈与をするときの対策です。相続人以外の人（孫・嫁・娘婿・兄弟姉妹）に贈与すれば，上記の加算を外すことができます。

③ 配偶者の居住用財産の贈与については，加算規定が適用されませんから，贈与はいつでも良いのですが必ず実行してください。

55 A方式の節税対策のまとめ

● A方式の節税対策 ●

い つ	① 一度に贈与せず，長期間かけて計画的に分割して贈与する
誰 に	② 1人でなく数人（ファミリー単位）に分けて贈与する ③ 後継者となる孫に贈与する
何 を	④ 現金よりも評価額が下がるものを優先する 　（例えばゴルフ会員権，家屋，土地） ⑤ 値下がりした上場株式を贈与する ⑥ 換金性のない自社株を贈与する
どれだけ	⑦ 110万円の基礎控除にこだわらず，相続財産に応じた節税範囲額を贈与する ⑧ 不動産は評価額1,000万円までのものは全部を贈与する ⑨ 評価額の高額な土地などは2分の1とか3分の1の持分で贈与する
どのように	⑩ 自社株はまず評価を下げた後に贈与する ⑪ 借入金とセットする負担付贈与も検討する

特 典	① 妻に2,000万円までの居住用財産を贈与する
	② 子供・孫に住宅取得等資金を贈与する
	③ 特別障害者に6,000万円まで，特定障害者に3,000万円までの信託財産を贈与する
	④ 公益法人に公益事業用財産を贈与する
	⑤ 農業後継者に農地を贈与する

> ★贈与税を節税するポイントは長期・分割贈与である
> ★期間が長いほど110万円の基礎控除がたくさん使える
> ★財産が多ければ110万円を超えて多額に贈与し財産を減らす

　贈与は相続税の節税対策の基本ですが，贈与するにしても節税を図る必要があります。ここではＡ方式の贈与について，贈与のための節税策をまとめています。

いつ，誰に，何を

　「いつ」は，一度に贈与すると税率が高くなりますから，長期間かけて，分割して贈与します。「長期・分割贈与」です（56項）。

　「誰に」は，１人だけでなく，数人に分けて贈与します。ファミリー単位と書いていますが，例えば，土地等の高額なものは次男だけに贈与するのではなく，次男の妻，次男の子供，次男の孫を含めた次男のファミリーに分割して持分で贈与します（56項）。

　「何を」は，現金はストレートな評価額ですが，ゴルフ会員権，建物，土地等は，時価相場よりも低く評価されます。相対的に低い評価のものがトクになります。会社経営者は，自社株の贈与を毎年実行してください。

どれだけ

　「どれだけ」は，110万円の基礎控除にこだわらず，財産に応じた節税範囲額を贈与してください（57項）。

　不動産の場合は，例えば，評価額が1,000万円までのものは，ファミリー単位で全部を贈与します。評価が高ければ半分を贈与するなど工夫をします（56項）。

どのように

　「どのように」は，自社株の場合は，評価引下げ対策を実行した後に贈与します。負担付贈与も検討します。

　その他，贈与税の有利な特典があります。かなり大型のものがありますから，うまく活用してください。この活用は確実に相続税の節税に結びついています。

56 長期に分割して贈与する

● 1,000万円を年（人）数に分割贈与したときの贈与税 ●

(単位：万円，万円未満切上げ)

分割年 （人）数	（分割金額－基礎控除）×税率－控除額 ＝1年（人）分×年（人）数	贈与税 総　額
1年（人）	（1,000－110）×40%－125＝ 231	231
2年（人）	（ 500－110）×20%－ 25＝ 53× 2	106
3年（人）	（ 334－110）×15%－ 10＝ 24× 3	72
4年（人）	（ 250－110）×10%　　 ＝ 14× 4	56
5年（人）	（ 200－110）×10%　　 ＝ 9× 5	45
10年（人）	（ 100－110）×10%　　 ＝ 0×10	0
15年（人）	（ 67－110）×10%　　 ＝ 0×15	0

● A方式の贈与税額早見表（一般税率） ●

(単位：万円)

贈与価格	税額	贈与価格	税額
110	0	600	82
200	9	700	112
300	19	800	151
400	33.5	900	191
500	53	1,000	231

> ★A方式の贈与は早い時期から，少しずつ贈与する
> ★分割は多人数に，ファミリー単位に分割して贈与する
> ★贈与税の税率が「一般税率」と「特例税率」になった

長期・分割贈与

「長期」とは，子供や孫が中学生になった頃から，贈与を開始するという意味で，長ければ長いほど有利です。

「分割」とは，まとめて大きな財産を贈与するのではなく，小さい単位に分割して贈与を行うということです。また，対象を1人に絞らず，多人数に分割して贈与しても節税効果があります。

この長期・分割贈与は，単に金銭に限らず，不動産や自社株についても活用してください。不動産は，一筆の土地の評価額が1,000万円ぐらいを目途に，ファミリー単位に分割贈与します。一筆の土地の評価額が高い場合は，その土地を1,000万円単位の持分に分けて，数年でファミリー単位に分割贈与します。

税率の改正あり

平成25年度の改正で，「平成27年1月1日以後に贈与により取得する財産について適用される税率（一般税率）」が改正されました。さらに，新たに「直系尊属から贈与を受けた場合の贈与税の税率の特例（特例税率）」が創設されました。いずれも，多額な贈与は増税になっています（52項・Column 4）。

一般税率は，1,000万円を超える部分が改正され，特例税率は受贈者が20歳以上の適用ですから，ここでは一般税率を使います。

左の表の見方

分割贈与の節税効果を図表に計算例で示します。これは，1,000万円を年数または人数に分割贈与したときの贈与税額を計算したものです。この表の見方は，1,000万円を「1人に1年」で贈与すれば，贈与税は231万円，1,000万円を「1人に10年に分けて」贈与すれば，贈与税はゼロになると読みます。また，1,000万円を「1年間に数人に分けて」贈与する場合も，同じ計算になります。

57 節税範囲額を贈与する

● 相続税の実効税率 ●

(単位：万円)

遺産額	妻・子供2人の税額と実効税率		子供2人の税額と実効税率	
1億円	315	3.1%	770	7.7%
2億円	1,350	6.7%	3,340	16.7%
3億円	2,860	9.5%	6,920	23.0%
4億円	4,610	11.5%	10,920	27.3%
5億円	6,555	13.1%	15,210	30.4%
10億円	17,810	17.8%	39,500	39.5%

注：平成27年1月1日以後の税制により計算。

● 贈与税の実効税率（特例税率）●

(単位：万円)

贈与額	税額	実効税率	贈与額	税額	実効税率
100	0	0%	400	33.5	8.3%
150	4	2.6%	500	48.5	9.7%
200	9	4.5%	800	117	14.6%
250	14	5.6%	1,000	177	17.7%
300	19	6.3%	2,000	585.5	29.2%

注：平成27年1月1日以後の税制により計算。

現時点での相続税額が将来に課税されるとすれば，現在の税額はすでに発生した債務としてとらえるべきです。

相続税の実効税率

現時点での相続税額と実効税率のモデルを上の図表に載せています。これは「妻と子供2人」のケースと，「子供2人」だけのケースのものです。平成27年1月1日以後の相続から適用する税率により計算しています。速算表は52項とColumn 4に載せています。

例えば，3億円の遺産額の場合，妻と子供2人の実効税率9.5％，子供2人だけのときは23％にもなります。

贈与税の実効税率

下の図表は，贈与税の税額と実効税率を計算したものです。この場合の税率も平成27年1月1日以後の贈与に適用する「特例税率」で計算しています。贈与額400万円の場合が8.3％，500万円の場合が9.7％，1,000万円の場合は17.7％です。

あなたの節税範囲額がある

上記の2つの実効税率を比べて，相続税の実効税率よりも，贈与税の実効税率が低い範囲額であれば，贈与をしたほうがトクです。

例えば，3億円の財産の場合，妻と子供2人が相続人のとき，すでに2,860万円，9.5％の相続税が発生しています。すると1人当たり1年間400万円贈与しても，贈与税の実効税率は8.3％であり，贈与税のほうが少ないのでトクになります。子供2人だけが相続人のときは，1人当たり1年間1,000万円までを贈与するとトクです。

まず，あなたの財産額と相続人の状況により相続税額の実効税率を計算し，トクする贈与の範囲額をつかみます。

その範囲額の贈与は相続税の節税になりますから毎年，贈与を積極的に実行してください。

58 相続時精算課税(B方式)のしくみ

● B方式（相続時精算課税）のポイント ●

区分	制度上の取扱い
適用対象者	★贈与者は60歳以上の祖父母・父母，受贈者は20歳以上の子供・孫^(注)。人数の制限はない。
適用手続き	★適用を受けようとする受贈者は，最初の贈与を受けた年の翌年2月1日から3月15日までに，相続時精算課税選択届出書を贈与税の申告書に添付する。 ★この選択は，贈与者である祖父母・父母ごとに，受贈者である孫・兄弟姉妹が別々に，選択することができる。 ★選択の届出を出すと，相続時まで継続して適用される。
対象財産	★贈与財産の種類，金額，贈与回数に制限はない。
贈与税額の計算	★受贈者はB方式の贈与者からの贈与財産について，他の贈与財産と区別して，贈与税の計算を行う。 ★贈与税額は，B方式による贈与財産の合計額から，特別控除額2,500万円（すでに適用を受けて控除した残額）を控除した後の金額に，一律20%の税率を乗じて計算する。
相続税額の計算	★B方式による贈与財産を相続財産に加算して，相続税を計算し，その相続税から贈与税を差し引き納付税額を計算する。 ★加算する贈与財産の価額は，贈与申告時の価格である。 ★控除しきれない贈与税は還付される。
適用時期	★平成27年1月1日以後の贈与から適用される。

注：令和4年4月1日以後の贈与により財産を取得した場合は，20歳が18歳。

> ★贈与者が60歳以上の祖父母，父母，受贈者が20歳以上の子・孫
> ★受贈者が「相続時精算課税選択届出書」を提出する
> ★B方式の選択届を出すとA方式には戻れない

　B方式は平成15年の改正で創設され，贈与により財産を取得した者が，贈与をした者の推定相続人であり，かつ，当事者の年齢要件を満たせば，受贈者が選択して適用することができる制度です。

　B方式のポイントは図表のとおりです。

適用対象者

　贈与者は，平成27年1月1日以後の贈与について，60歳以上の祖父母，父母，受贈者は20歳以上の子供・孫です。改正前は65歳以上の父母，20歳以上の子供でした。令和4年4月1日以後は20歳が18歳とされます（以下同じ）。

適用手続き

　適用手続きはB方式の適用を受けようとする受贈者が，B方式を選択する最初の贈与を受けた年の翌年2月1日から3月15日までに，税務署長に対して「相続時精算課税選択届出書（以下，「選択届」といいます）」を贈与税の申告書に添付して提出します。

対象財産

　贈与財産の種類，金額，贈与回数に制限はありません。現金をはじめ，有価証券，自社株式，土地，建物，ゴルフ会員権など何でも贈与できます。

贈与税の計算

　その年のB方式を選択した贈与者からの贈与財産の合計額から，特別控除額の2,500万円を控除した後の金額に，一律20％の税率をかけて計算します。

相続税の計算

　B方式による贈与財産のすべてを相続財産に加算し，その価格を基に相続税を計算します。その相続税額から支払った贈与税を控除し，控除しきれないときは還付が受けられます。

59 贈与者と受贈者の要件

B方式の贈与が選択できるのは，親子間の贈与に限ります。

B方式は，非常に軽い税負担で，資産を次世代に計画的に移転できるようにし，子供がその資力を活かして，投資や消費などの有効活用を行い，経済の活性化につなげるという目的で創設されました。

● 贈与者と受贈者の要件 ●

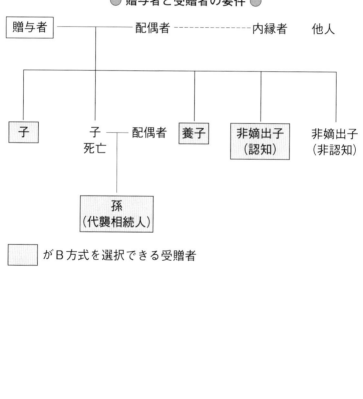

 が B 方式を選択できる受贈者

> ★B方式は子供や孫の兄弟姉妹が別々に選択できる
> ★「選択届」を提出するとB方式が適用できる。
> ★「選択届」を提出しなければA方式のままである。

「贈与する人」と「贈与を受ける人」の要件

　左の図表で，B方式の贈与を受けることができるのは，誰でしょうか。A方式の贈与は，誰が誰に贈与しなければならないという制限はないのですが，B方式の場合，「贈与する人」と「贈与を受ける人」は限られています。

　B方式の要件は，「贈与する人（贈与者）」は，贈与を行う年の1月1日において満60歳以上の祖父母・父母です。そして，「贈与を受ける人（受贈者）」は贈与を受ける年の1月1日において満20歳以上の贈与者の子供・孫です。

　子供が先に亡くなっている場合は，孫が子供に代わって相続人となる代襲相続人も含まれます。

　また，養子縁組した人も対象になります。養子の数に制限はありません。非嫡出子である子供については，認知されていれば対象となりますが，認知されていなければ対象となりません。

B方式は個別に選択できる

　B方式の贈与は，贈与する人（祖父母・父母）と贈与を受ける人（子供や孫の兄弟姉妹）が別々に，B方式の贈与を受ける選択ができます。

　例えば，父親については，B方式の贈与を受け，母親については，A方式の贈与を受けることができます。兄弟でも長男はA方式のままで，次男はB方式を選択するということもできます。

贈与税の申告

　父からの贈与について，B方式を選択し，父以外の人からも贈与を受けた場合は，こちらはA方式の贈与になりますから，B方式の贈与税とA方式の贈与税の計算が必要になります。A方式の贈与財産とB方式の贈与財産の贈与税額を計算します。両方を1枚の申告書で申告します。

60 親の年齢制限をなくす方法

　親が60歳未満である場合には，親の年齢制限がない住宅取得資金の特例を使って贈与することによって，Ｂ方式を選択することができます。Ｂ方式を一度選択するとＡ方式には戻れない制度となっていますから，それ以降の贈与は，親が60歳未満であってもすべてＢ方式の贈与として，2,500万円の特別控除額を適用し，贈与税の計算をすることになります。

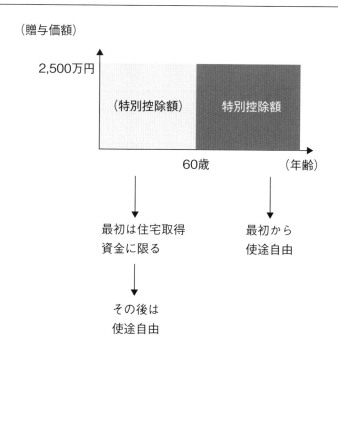

> ★「Ｂ方式の特例」は住宅取得資金の贈与の特例である。
> ★「Ｂ方式の特例」には贈与者の年齢制限がない。
> ★「100万円の増改築資金」でＢ方式を選ぶと60歳未満もOK

「Ｂ方式の特例」には贈与者の年齢制限がない

Ｂ方式で贈与を受ける場合には，年齢制限があります。しかし，令和３年12月31日までに限り，「住宅取得資金の贈与の特例（Ｂ方式の特例）」については，贈与者の年齢制限がありません（83項）。

「Ｂ方式の特例」は，子供が住宅を取得する資金や，住んでいる家の増改築のための資金の贈与を受ける場合に，Ｂ方式の特別控除額2,500万円が控除されます。「Ｂ方式の特例」を使えば，60歳未満の贈与者からでも，住宅取得資金の贈与についてはＢ方式の適用を受けることができます。

Ｂ方式はＡ方式に戻れない

そして，住宅取得資金の贈与を受け，Ｂ方式を選択した人が，その後，同じ親から一般の贈与を受けた場合はどうなるのでしょうか。Ｂ方式はいったん選択したらＡ方式に戻ることはできませんから，それ以降の贈与については，親が60歳未満でもすべてＢ方式の贈与となります。

100万円以上のリフォームから

Ｂ方式の贈与については，「100万円以上の増改築」といった一定の条件を満たせば，Ｂ方式を選択することができます。

例えば，100万円の増改築にＢ方式を選択すると，それ以降の贈与については，Ｂ方式で行うことになりますから，Ｂ方式の特別控除額2,500万円まで，贈与税を払わず贈与をすることができます。

Ｂ方式を贈与者が60歳未満でも使いたい人には最高の抜け道です。現在では令和３年12月31日までの適用ですが，これまで延長されてきました。実行するときは，税理士に相談してください。

61 B方式の選択届出書

○「相続時精算課税選択届出書」は、必要な添付書類とともに**申告書第一表及び第二表**と一緒に提出してください。

相続時精算課税選択届出書

（令和2年分以降用）

受贈者	住所又は居所	〒　　　　　電話（　　－　　－　　　）
	フリガナ	
	氏　名（生年月日）	（大・昭・平　　年　月　　日）
	特定贈与者との続柄	

令和＿＿年＿＿月＿＿日

＿＿＿＿＿＿＿税務署長

私は、下記の特定贈与者から令和＿＿年中に贈与を受けた財産については、相続税法第21条の9第1項の規定の適用を受けることとしましたので、下記の書類を添えて届け出ます。

記

1　特定贈与者に関する事項

住　所又は居所	
フリガナ	
氏　　名	
生年月日	明・大・昭・平　　年　　月　　日

2　年の途中で特定贈与者の推定相続人又は孫となった場合

推定相続人又は孫となった理由	
推定相続人又は孫となった年月日	令和　　年　　月　　日

（注）孫が年の途中で特定贈与者の推定相続人となった場合で、推定相続人となった時点前の特定贈与者からの贈与について相続時精算課税の適用を受けるときには、記入は要しません。

3　添付書類

次の書類が必要となります。

なお、贈与を受けた日以後に作成されたものを提出してください。

（書類の添付がなされているか確認の上、□に✓印を記入してください。）

□　**受贈者や特定贈与者の戸籍の謄本又は抄本**その他の書類で、次の内容を証する書類

(1)　受贈者の氏名、生年月日

(2)　受贈者が特定贈与者の直系卑属である推定相続人又は孫であること

（※）1　租税特別措置法第70条の6の8（個人の事業用資産についての贈与税の納税猶予及び免除）の適用を受ける特例事業受贈者が同法第70条の2の7（相続時精算課税適用者の特例）の適用を受ける場合には、「(1)の内容を証する書類」及び「その特例事業受贈者が特定贈与者からの贈与により租税特別措置法第70条の6の8第1項に規定する特例受贈事業用資産の取得をしたことを証する書類」となります。

2　租税特別措置法第70条の7の5（非上場株式等についての贈与税の納税猶予及び免除の特例）の適用を受ける特例経営承継受贈者が同法第70条の2の8（相続時精算課税適用者の特例）の適用を受ける場合には、「(1)の内容を証する書類」及び「その特例経営承継受贈者が特定贈与者からの贈与により租税特別措置法第70条の7の5第1項に規定する特例対象受贈非上場株式等の取得をしたことを証する書類」となります。

（注）この届出書の提出により、特定贈与者からの贈与については、特定贈与者に相続が開始するまで相続時精算課税の適用が継続されるとともに、その贈与を受ける財産の価額は、相続税の課税価格に加算されます（この届出書による相続時精算課税の選択は撤回することができません。）。

作成税理士		電話番号	
※　税務署整理欄	届　出　番　号　　　　　－	名　簿	確認

※欄には記入しないでください。

（資5－42－A4統一）（令3.3）

> ★平成27年より適用対象者に贈与者の孫が追加された
> ★贈与の年の1月1日に贈与者が60歳以上・受贈者が20歳以上
> ★選択届は贈与の年の翌年2月1日から3月15日までに提出

孫も適用対象者になる

改正相続税法を要約しますと、「贈与により財産を取得した者がその贈与をした者の推定相続人（その年の1月1日において20歳以上であるものに限る）であり、かつ、贈与した者が1月1日において60歳以上の者である場合には、受贈者はB方式の適用を受けることができる」とされています。

改正租税特別措置法を要約しますと、「平成27年1月1日以後に贈与により財産を取得した者がその贈与した者の孫（20歳以上）であり、かつ、その贈与をした者が60歳以上の者である場合には受贈者についてはB方式の規定を準用する」とされています。

選択届の提出

B方式の贈与を選択するためには、受贈者はB方式の贈与を受けることにつき、納税地の税務署長に対して、選択届（相続時精算課税選択届出書）を贈与税の申告書に添付して提出しなければなりません。選択届は図表のとおりA4の用紙1枚です。

提出期間は、その贈与を受けた年の翌年2月1日から3月15日までの間です。例えば、令和3年中の贈与については、届出の期間は令和4年2月1日から3月15日までの間となります。

B方式の選択届を提出した場合は、取り止めることはできません。

選択の組み合わせ

B方式の選択は、贈与者である父母ごとに、受贈者である子供や孫の兄弟姉妹が別々に選択することができます。

つまり、父と長男が選択届を提出しますと、この2人だけの間でB方式になるだけで、他の子供には関係せず他の子供はA方式のままです。長男は母とも選択届を出すこともできますし、出さないこともできます。出さなければ母との間はA方式の贈与になります。

62 B方式の贈与税の計算方法

● B方式の贈与税の計算 ●

> 例：子供が親から1年目に1,000万円，2年目に1,200万円，3年目に900万円の財産の贈与を受け，1年目からB方式を選択した場合の税額はどうなるでしょう。

＜1年目＞

   課税価格　　特別控除額（※）

   1,000万円　－　1,000万円　＝　0万円

   ※2,500万円＞1,000万円　→　1,000万円（特別控除額）

＜2年目＞

   課税価格　　特別控除額（※）

   1,200万円　－　1,200万円　＝　0万円

   ※2,500万円－1,000万円＞1,200万円　→　1,200万円（特別控除額）

＜3年目＞

   課税価格　　特別控除額（※）

   900万円　－　300万円　＝　600万円

   600万円　×　20％　＝　120万円（贈与税額）

   ※2,500万円－（1,000万円＋1,200万円）＜900万円　→　300万円（特別控除額）

> ★B方式の課税価格から特別控除額2,500万円を控除する
> ★特別控除額はすでに適用を受けて控除した残額である
> ★特別控除後の残額に対し，一律20%の税率で課税される

B方式の贈与税の計算

　B方式は受贈財産の課税価格から特別控除額2,500万円（すでに適用を受けて控除した残額）を控除し，残額に対し20%の税率をかけて贈与税を計算します。

　図表の設例により，B方式の贈与税の計算をしてみましょう。

　まず，1年目です。1年目の贈与額は1,000万円ですから，特別控除額以内なので，贈与税は課税されません。

　次に2年目は，前年に特別控除額2,500万円のうち，1,000万円を使っていますから，残りの特別控除額は1,500万円です。贈与額は1,200万円ですから，まだ特別控除額の範囲以内なので，贈与税はかかりません。

　3年目の特別控除額の残りは，2,500万円－1,000万円－1,200万円＝300万円です。贈与額は900万円ですから，900万円－300万円＝600万円が特別控除額を超えることになります。

　特別控除額を超える部分の贈与については，一律20%の贈与税がかかりますから，600万円×20%＝120万円が贈与税額になります。

特別控除額がなくなると

　4年目以降に贈与を受けますと，もう特別控除額は残っていませんから，贈与を受けたすべての財産に20%の贈与税が課税されます。

　例えば，鉛筆1本100円の贈与を受けても，贈与税が20円かかることになります。

期限内申告が必要

　特別控除額の適用は，申告期限内の申告書にその記載がないと適用されません。したがって，申告書を提出することを忘れた場合には，B方式を選択していても，特別控除額の適用はなく，その申告漏れの贈与財産について，20%の贈与税がかかります。

63 B方式の贈与加算

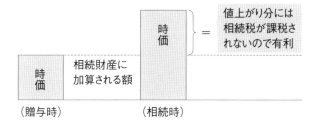

🔹 贈与財産が値上がりしたとき

時価（贈与時）／相続財産に加算される額／時価（相続時） ＝ 値上がり分には相続税が課税されないので有利

🔹 贈与財産が値下がりしたとき

時価（贈与時）／相続財産に加算される額／時価（相続時） ＝ 値下がり分にも相続税が課税されるので不利

⬤ B方式の贈与のポイント ⬤

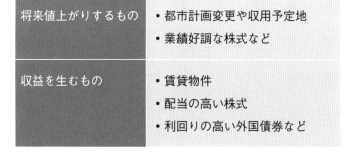

将来値上がりするもの	・都市計画変更や収用予定地 ・業績好調な株式など
収益を生むもの	・賃貸物件 ・配当の高い株式 ・利回りの高い外国債券など

> ★B方式により贈与を受けた財産はすべて相続財産に加算する
> ★加算する贈与財産の価額は贈与時の時価（申告価格）である
> ★B方式で贈与し，相続時に値上がりすると相続税の節税になる

贈与財産の加算

　母と子供がB方式の贈与を選択している場合に，母が死亡したとき
は母からB方式で贈与を受けた財産は，すべて相続財産に加算して相
続税を計算します。

贈与時の価格で加算

　このとき，相続財産に加算する贈与財産の価額は，相続時の時価で
はなく，贈与時の時価によることになっています。

　一番上の図表は，贈与財産が値上がりしたときの例示です。相続財
産に加算される額は贈与時の価格ですから，値上がりした部分には相
続税が課税されないことになります。その分相続税の節税になります。

　中央の図表は，贈与財産が値下がりしたときの例示です。相続財産
に加算される額は贈与時の価格ですから，値下がり分にも相続税が課
税されることになり，リスクをともないます（90項）。

相続税の節税になる

　したがって，将来値上がりする財産や収益を生む財産は，相続まで
待たずにB方式で贈与すれば有利になります。

　例えば，一番下の図表のように，近いうちに市街化区域に編入され
ることが予想される調整区域内の土地など，現在価値は低いが将来上
がる可能性が高いものは，評価が低いうちに贈与すると有利です。

　また，業績好調にもかかわらず，評価が低い上場株式なども同じこ
とがいえます。ただ，株式は業績が急落して，評価が下がってしまう
こともありますので，慎重に検討してください。

　また，家賃収入が確実に見込まれるアパートなどを母が子供に贈与
すると，贈与後の家賃収入は子供の収入金になり，所得が分散され所
得税の節税になります。そして，その収入金が子供の預金になり，母
の財産にならないため，相続税の節税になります（97項）。

64 B方式の相続税の計算方法

● B方式の相続税の計算方法 ●

長男は，母から令和元年に1,200万円の贈与を受け，さらに令和5年にも2,800万円の贈与を受けました。令和10年に母が死亡し，相続財産5,000万円を相続しました。法定相続人を長男1人とした場合の相続税は次のように計算されます。
なお，相続時精算課税の手続要件および年齢要件は，すべて具備しています。

計 算

(特別控除)

令和元年 贈与1,200万円 ➡ （1,200万円－1,200万円） ➡ 贈与税0

— 非課税1,300万円

令和5年 贈与2,800万円 ➡ {2,800万円－（2,500万円－1,200万円）}
　　　　　　　　　　　　　　＝1,500万円

贈与税は，1,500万円×20%＝300万円

加 算1,200万円	加 算2,800万円	相続財産5,000万円

令和10年

相続税対象　9,000万円

3,000万円+600万円×1人＝基礎控除3,600万円	課税相続財産5,400万円

➡ （相続税）
5,400万円×30%－700万円
＝920万円

（相続税）（贈与税）
920万円－300万円

（納付分）
＝620万円

注：平成27年1月1日以後の税制により計算。

> ★現在の基礎控除額は（3,000万円＋600万円×人数）である
> ★財産額により，Ｂ方式の贈与財産にも相続税が課税される
> ★相続税額が課税されない場合には贈与税は還付される

贈与財産の加算

　Ｂ方式による受贈財産はすべて相続財産に加算されて，相続税が計算されます。

　図表の例によりますと，一番下の枠囲いのように，「加算」「加算」となっていますが，令和元年の贈与額1,200万円と令和５年の贈与額2,800万円の受贈財産をすべて相続財産の5,000万円に加算し，贈与する前の9,000万円として，相続税の計算をスタートします。

相続税の計算

　この例の場合は相続人が１人ですから，平成27年１月１日以後の相続から，基礎控除額が改正されて3,600万円です。

　それを差し引いた課税相続財産は，5,400万円になります。相続税額は5,400万円×30％－700万円＝920万円になります。

　この920万円から，それまでに支払った贈与額300万円を差し引き，実際の納付額は620万円となります。

「相続税がかかるとき」と「かからないとき」

　相続財産が多額にある場合には，相続税が課税されます。例えば，Ｙの相続税＝「相続税の総額」×「Ｙのあん分割合」で計算します。「Ｙのあん分割合」＝「Ｙが相続で取得した財産」（Ｂ方式の受贈財産を含める）÷「相続財産の合計額」で求めます。

　このように，ファミリー全体で相続税が課税されるときは，Ｂ方式の贈与財産についても相続税が課税されます。贈与財産はすでに消費していても，相続時に相続税が課税されますから，注意してください。

　相続税がかからないように，条件を変更します。Ｂ方式の贈与が4,000万円で，他に相続財産はゼロとしますと，課税対象額は4,000万円になります。相続人を２人としますと，基礎控除額は4,200万円となり，相続税はゼロです。贈与税300万円が還付されます。

65 B方式の活用法のまとめ

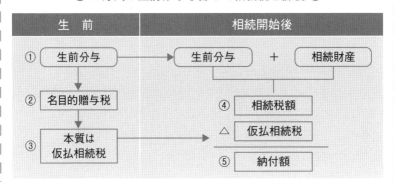

● B方式は生前分与も含めて相続税を課税 ●

生　前	相続開始後
① 生前分与 →	生前分与　＋　相続財産
② 名目的贈与税	④ 相続税額
③ 本質は 仮払相続税 →	△ 仮払相続税
	⑤ 納付額

① 「生前分与」とは，遺産分割に先立ち，生前にあらかじめ財産を分与（贈与）すること。
② 名目的に贈与税を支払うが，実質的に贈与税は非課税となる。
③ B方式の贈与税の本質は，「仮払相続税」である。
④ 「生前分与」＋「相続財産」で相続税を計算する。
⑤ ④の相続税から「仮払相続税」を控除して，納付額を計算する。

● B方式の活用方法のまとめ ●

活　用　方　法	項目
値上がりする財産はB方式（相続税の節税になる）	90
贈与で所得金額の分散ができる（所得税と相続税の節税になる）	97
多額な現預金はB方式	83
効果的な資金援助はB方式	84
B方式は財産分けができる	92

> ★B方式は，生前分与も含めて相続税の課税対象としている
> ★名目的には贈与税でも，その本質は「仮払相続税」である
> ★B方式の活用方法はたくさんあるので積極的に活用すること

　これまでB方式の課税のしくみを述べてきました。民法上の法形式は贈与というスタイルですが，税務上B方式の贈与をしますと，贈与税がかかり，相続税から控除されるので非課税になります。

B方式の課税制度の本質

　実は，B方式の税務上の課税制度の本質は，生前分与（贈与）も含めて相続税の課税対象として，構築されているのです。

　図表の上に表示しましたが，この内容を説明します。

① 「生前分与」とは，筆者の造語ですが，遺産分割に先立ち，生前にあらかじめ財産を分割（贈与）することです。

② B方式の贈与により名目的に贈与税を支払いますが，

③ B方式の贈与税の本質は「仮払相続税」です。

④ 「生前分与」財産を相続財産に加算して，相続税を計算し，

⑤ 「仮払相続税」を差し引き，納付税額を計算します。

　要は，全体を相続税の対象としているということです。そのため，特別控除額は「仮払相続税」を計算するための控除額にすぎませんから，非課税になるわけではありません。

B方式の活用

　下の図表のとおり，表示の項で活用方法を述べます。活用の参考にしてください。これ以外の活用方法を次に紹介します。

① 「売却予定の土地」がある場合に，子供や孫に贈与した後に売却しますと，譲渡益を子供・孫に帰属させることができます。

② 「広大地」に該当する土地を，B方式で贈与しますと，相続時の評価額を，広大地評価額に確定させることができます。

③ 「遺留分の放棄」のため，相当の現金をB方式で贈与します。遺留分の放棄をすると遺留分の侵害額請求ができなくなりますから，遺言で後継者に財産を集中して相続させることができます。

66 B方式のデメリット

相続税が課税される人にとって，B方式のデメリットの原因は，贈与財産を相続財産に加算するしくみにあります。

具体的には，2,500万円の特別控除は，実質的な控除額ではないこと，贈与時の時価より相続時の時価が下がったとき，相続税の増税になること，受贈財産が消費されたときにも相続税が課税されること。

● 相続税がかかる場合のB方式のデメリット ●

区　分	内　容
①特別控除の意味	2,500万円の特別控除は実質的に控除ではない。これは，単に贈与税を計算するときに差し引くだけで，受贈財産は相続財産に加算されて，相続税が計算される。
②加算するしくみ	相続税の節税にはならない。
③加算する価格	贈与税の時価で加算するため，贈与税の時価＞相続時の時価の場合には相続税が増税になる。そのため，住宅取得資金の贈与は住宅を贈与するのに比べ不利になる。
④受贈財産を消費したとき	受贈財産を消費した場合，相続税が払えなくなるケースが生じる。
⑤特典がなくなる	B方式を選択すると，次の特典が適用できなくなる。 ㋑　A方式の毎年110万円の基礎控除 ㋺　小規模宅地の評価減少額 ㋩　物納による相続税の納付

> ★相続税がかからなければB方式は損・得なし
> ★B方式は相続税の節税にはならない
> ★B方式は他の特典が使えなくなるので，注意すること

相続税がかからなければB方式は損得なし

　相続税がかからない人にとっては，B方式は損も得もありません。例えば，B方式の贈与をした財産が「贈与時の時価が高く」「相続時の時価が低い」場合でも，高い時価で相続財産に加算されても，相続税が課税されないなら，相続税はゼロですから，損ということはないからです。

B方式のデメリット

　したがって，この項のテーマは，主として相続税がかかる人にとってのB方式のデメリットとなります。

　順に説明をします。

① 　特別控除額の2,500万円は贈与税を計算するときに差し引くだけで，受贈財産はすべて相続財産に加算され相続税が計算されるため，実質的には税額を減少させる控除ではありません。

② 　受贈財産はすべて相続財産に加算されるため，相続税の節税にはなりません。

③ 　贈与時の時価が高く，相続時の時価が低い場合には，高い額が相続財産に加算され，相続税が計算されるため，その分だけ増税になります。

④ 　受贈財産は相続財産に加算され相続税が計算されますが，受贈財産が消費され，相続時にない場合にも課税されることになります。

他の特典が使えなくなる

⑤ 　B方式を選択すれば，①のようにA方式の特典は適用できなくなります。㋺は小規模宅地の評価減少額（5章），㋩は物納ですが，B方式を選択すると，それぞれ適用できなくなります。これらを検討したうえで，B方式の選択をしてください。

67 贈与税の課税方式の比較

● 贈与税の課税方式（Ａ方式とＢ方式）の比較 ●

区分	A方式 （暦年課税）	B方式 （相続時精算課税）
贈与者・ 受贈者	親族間のほか，第三者からの贈与を含む。	60歳以上の祖父母・父母から20歳(注)以上の子供・孫への贈与
選　択	不要	必要（祖父母・父母ごと，子供・孫ごとに選択） 一度選択すれば，相続時まで継続適用し，A方式に戻れない
控　除	基礎控除（毎年） 110万円	特別控除額2,500万円
税　率	10～50%	一律20%
相続時精算	なし	受贈財産を相続財産に加算 贈与申告時の価額で加算

注：令和4年4月1日以後は20歳が18歳になります。

> ★従来の暦年課税に相続時精算課税が追加されている
> ★A方式は1年間の受贈額から110万円の基礎控除が引ける
> ★B方式は一度選択するとA方式には戻れない

贈与はA方式とB方式

　贈与税の課税方式について，本書では従来の暦年課税を「A方式」とし，平成15年1月1日より創設された相続時精算課税を「B方式」としています。

　平成15年の税制改正では，従来の暦年課税の「A方式」は廃止されずそのまま残っており，別に相続時精算課税の「B方式」が創設されたもので，贈与の課税方式が図表のとおり，A方式とB方式の2つになったのです。この点が重要なポイントで，A方式とB方式が併存していることを理解してください。

A方式は（9章）

　A方式は従来からの課税制度ですから，贈与を受けた人が，毎年1月1日から12月31日までの1年間贈与を受けた価額から，毎年110万円の基礎控除を控除し，それを超えた贈与価格に，税率をかけて，贈与税を計算する方式です。A方式がこれまでどおり原則的な課税方式です。

B方式は（10章）

　B方式は贈与者が祖父母・父母，受贈者が子供・孫で，しかも年齢の制限があります。平成27年1月1日より，60歳以上の祖父母や父母，20歳以上の子供や孫になります。令和4年4月1日以後，20歳は18歳になります。B方式の適用を受けるには，B方式を選択する旨を税務署長に届け出なければなりません。B方式の選択の届け出をしなければ，従来どおりA方式によって課税されます（61項）。

　B方式を一度選択すると，B方式の課税方式が相続時まで継続適用され，A方式に戻ることはできません。

　そのため安易な選択は止め，選択に当たっては慎重に検討を加えることが必要です。

68 A方式とB方式の併用方法

● A方式とB方式を併用する ●

| 父　親 | ──A方式──→ | 母　親 |

A方式
（毎年110万円）

B方式

A方式
（毎年110万円）

子　供

特別控除額
2,500万円

20年受け取ると
2,200万円が
非課税

● 定期贈与と贈与税 ●

　定期贈与とは「毎年末110万円ずつ20年間贈与する」というように，定期的に一定の給付を目的とする贈与である。

　この場合，総額の2,200万円について「定期金に関する権利の価額」を評価し，定期給付事由が発生した年に，一括して贈与税が課税される。

> ★Ａ方式は３年以内の贈与加算がなければ相続税の節税になる
> ★Ｂ方式は多額な財産が贈与でき，早めに財産分けができる
> ★Ａ方式とＢ方式を併用すると控除額がフルに活用できる

Ａ方式は相続税が節税になる

　Ａ方式では，相続開始前３年以内の贈与は相続財産に加算されて相続税が計算されます（53項）。逆に，相続開始前３年を超えた贈与は相続財産には加算されません。贈与した分だけ，相続財産が減少しますから，相続税がかかる人にとっては，Ａ方式を着実に実行していくことが，相続税の節税の基本になります。

Ｂ方式は節税以外の活用がある

　Ｂ方式では贈与財産はすべてが相続財産に加算され相続税が計算されますから，相続税の節税にはなりません。ところが，Ｂ方式は65項に述べたとおり，節税以外にも活用するメリットがあります。

Ａ方式とＢ方式を併用する

　そこで，Ａ方式とＢ方式の両方とも使いたいという人に「とっておきの手」があります。

　左の図表のように，父親は，１つのルートとして，子供とＢ方式の選択をし，多額の財産の贈与を行います。そして，もう１つ，Ａ方式のルートを開設します。それは，母親を経由して行うバイパスのルートです。図表の例で，もし，110万円のＡ方式の贈与を20年間続けると，2,200万円の財産が贈与税ゼロで子供に移転し，その分だけ父親の財産が減少しますから，相続税が節税になります。

「定期金」の贈与はしない

　「連年贈与」は毎年続けて贈与する意味として使われています。「定期贈与」は「定期金」の給付を１つの契約で締結した贈与のことです。したがって，「連年贈与」が「定期贈与」になることはありません。

　毎年各別の贈与契約書を結び，贈与を実行していれば，何年続けても，「定期贈与」にはなりません。１枚の贈与契約書で「定期金」を給付すると「定期金」として課税を受けます（82項）。

69 贈与税の申告書

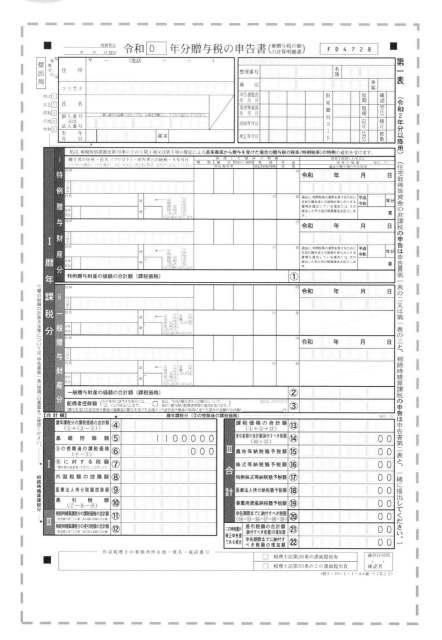

★A方式とB方式の贈与は1枚の申告書で申告する

★A方式とB方式の贈与税額を合計して納税

★B方式の選択届出書の提出がなければA方式で課税される

図表は贈与税の申告書です。大きく3つに区分されています。

A方式の贈与分

Ⅰは「暦年課税分」と表示してありますが，これは，A方式による従来型・暦年課税分を書きます。

贈与税率が2つに区分されているため，次の2つに区分して記入します。ⅰは20歳以上の者が直系尊属から受ける「特例贈与財産分」。ⅱはⅰ以外の「一般贈与財産分」です。そして，④には，それぞれの課税価格の合計額①＋（②－③）を記入します。

③の配偶者控除額は，婚姻期間20年以上の配偶者から居住用財産の贈与についての控除額です（46項）。

⑤はA方式による年間110万円の基礎控除です。これを差し引きそれぞれの税率を適用して税額を計算（52項）し，⑦に記入します。

B方式の贈与分

Ⅱは「相続時精算課税分」，つまり，B方式による受贈財産の価額と贈与税額を記入します。それぞれの金額は，申告書第二表「相続時精算課税の計算明細書」の㉓と㉛の金額を転記します。

この場合，父・母ともにB方式を選択している場合には，父・母からの贈与につき，第二表を別々に記入し，2人の合計額を記入します。

税額の合計を記入

ⅢはⅠとⅡの税額を合計し⑬に記入して，納付すべき税額を記入します。「申告期限までに納付すべき税額」を⑳に記入します。この税額があれば，3月15日までに納付をしなければいけません。

B方式の準備は早めに

B方式を選択するには，贈与税の申告書の提出期間内に選択届出書の提出が必要です。選択届出書には戸籍謄本や住民票などの添付書類が必要ですから，早めに準備しなければいけません。

70 相続開始の年に受けた贈与

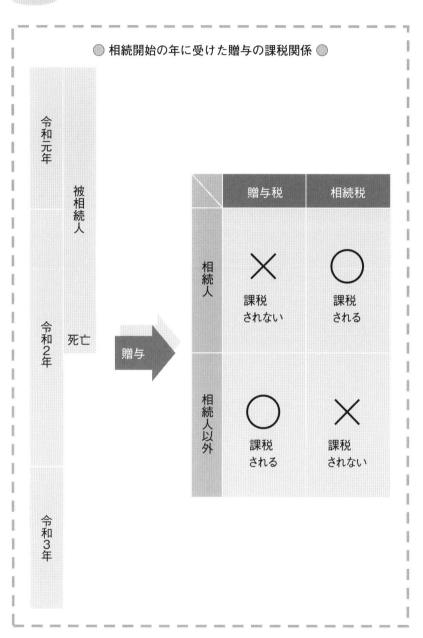

◉ 相続開始の年に受けた贈与の課税関係 ◉

	贈与税	相続税
相続人	× 課税 されない	○ 課税 される
相続人以外	○ 課税 される	× 課税 されない

令和元年

被相続人

令和2年　死亡

贈与

令和3年

> ★A方式では相続開始の年の贈与財産は相続税で申告する
> ★B方式でも贈与者が死亡した年の贈与財産は相続税で申告する
> ★相続開始の年の贈与税の配偶者控除は贈与税で申告する

　相続開始があった年に被相続人から贈与を受けた財産については，原則として贈与税は課税されません。その代わり，その贈与を受けた財産の価額を相続税の課税価額に加算し，相続税が課税されます。

A方式の場合

　A方式では，相続や遺贈により財産をもらった人が，相続の開始の年の1月1日から相続開始の日までの間に被相続人から贈与を受けた財産の価額は，相続税の課税価格に加算し，贈与税はかかりません。

　A方式の贈与では，相続や遺贈によって財産をもらった人が，相続開始の3年以内に被相続人からの贈与を受けた場合，贈与財産の価額を相続税の課税価格に加算したうえで，相続税の計算をします。

　相続税額から贈与税額が控除されます。贈与税額が相続税額よりも多い場合でも，贈与税が還付されません（相基通20の2－4）。

B方式の場合

　B方式では，年の中途で贈与者が死亡したときは，その年の贈与財産は相続財産に加算し，贈与税の申告は必要ありません。

　B方式の贈与の場合は，贈与を受けたすべての財産を相続財産に加算して相続税を計算し，納付している贈与税は全額が控除され，控除しきれない部分は還付されます。

贈与税の配偶者控除

　相続開始の年に，贈与税の配偶者控除の適用を受ける場合には，その贈与を受けた財産の価額は相続税の課税価格に加算しないことになっています。この場合には贈与税の申告が必要です。

　贈与税の配偶者控除とは，婚姻期間が20年以上の夫婦で居住用財産の贈与が行われた場合には，110万円の基礎控除の他に，配偶者控除として，2,000万円までの合計2,110万円の控除を受けることができます。詳細は**46**項を参照してください。

Column 3 | 相続税速算表

基礎控除後の課税財産	税率	控除額
1,000万円以下	10%	―
1,000万円超～3,000万円以下	15%	50万円
3,000万円超～5,000万円以下	20%	200万円
5,000万円超～1億円以下	30%	700万円
1億円超～2億円以下	40%	1,700万円
2億円超～3億円以下	45%	2,700万円
3億円超～6億円以下	50%	4,200万円
6億円超	55%	7,200万円

相続税額の計算方法

相続財産 ①		基礎控除額　3,000万円＋600万円×人数 ②		
課税価格の総額　①－②		③		
③を法定相続分に分ける		(母)	(子)	(子)
上記表 課税財産	× 税率%			
	－ 控除額			
各人の相続税額		(母)	(子)	(子)
相続税の総額 (母)＋(子)＋(子)		④		
各人の実際の取得財産合計 Ⓐ＋Ⓑ＋Ⓒ ⑤		Ⓐ	Ⓑ	Ⓒ
各人の相続割合%		Ⓐ÷⑤＝ⓐ 　　　　%	Ⓑ÷⑤＝ⓑ 　　　　%	Ⓒ÷⑤＝ⓒ 　　　　%
各人の相続税額		④×ⓐ＝⑥	④×ⓑ＝⑦	④×ⓒ＝⑧
配偶者控除額		⑨		
各人の相続税額		⑥－⑨	⑦	⑧

4編

賢い贈与のしかた

　12章は，まず，民法上の贈与の定めを学びます。「やったつもり」の贈与は，民法上の贈与にならないため，税務上「名義預金」としてお母さんの財産となり，相続税が課税されます。正しく贈与しないと長年の努力が水の泡になります。もちろん「やりたいけど・やれない」気持ちは良くわかっています。対策があります（79・80項）。

　13章は，資金援助を目的とする贈与の解説です。少額な贈与はＡ方式で，多額な贈与はＢ方式で贈与します。

　14章は，相続税を節税する目的の贈与の解説です。

　着実な節税はＡ方式によって，長年をかけて贈与を続けることです。110万円の基礎控除額にこだわらず，財産額が多い場合には，節税範囲額の贈与をすることは繰り返し述べています（57項）。

　そして，お母さんが重篤になって，「資金が余れば大型非課税贈与する」（教訓5）ことです。なかなか贈与するタイミングが難しいのですが，受贈者の人数を多くすれば，多額の節税ができます。

　15章は，財産承継・分割を目的とする贈与の解説です。

　賃貸不動産の建物だけを，お母さんから子供や孫に贈与します。建物の評価額が，低ければＡ方式で，高ければＢ方式で贈与をします。すると，子供や孫に所得の分散が図れますから，毎年の所得税の節税ができます。贈与でなく，子供や孫に建物だけを売却しても同じ結果になり，有効です（97～100項）。土地は相続です。

71 贈与と贈与契約

あげる人　　　　　　　もらう人

ある財産をタダであげる

贈
与
者

贈　与　契　約

受
贈
者

もらいましょう

贈与者は,
贈与する物を
受贈者に引き渡す

受贈者は,
もらったものを支配し,
自由に使える

口頭の契約も成立する

< 口頭の場合は, いつでも取り消せる
　履行した部分は取り消せない

書面による贈与は取り消せない

> ★贈与は口約束でも成立しますが履行部分を除き取り消せる
> ★贈与を実行しても贈与契約書があれば贈与の証拠になる
> ★できれば死因贈与契約公正証書にしておけば安心である

贈与契約

　贈与とは「当事者の一方が，自分の財産を無償（タダ）で相手方に与える意思を表示し，相手方がこれを受諾することによって成立する契約をいう」と民法に定められています。

　贈与の意思表示は書面でも口頭（口約束）でも良いのですが，書面によらない（口約束の）場合には，まだ履行が終わっていない部分について，いつでも取り消すことができます。

　例えば，昨日，Ａさんが100万円あげるとＢさんと口約束しました。そのときにＡさんは手持ちの１万円をＢさんにあげました。翌日，Ｂさんが残りの99万円を請求したところ，Ａさんから一方的に，あの口約束は取り消すと言われました。この場合，Ｂさんは99万円はもらえませんが，すでに昨日もらった１万円は返す必要はありません。

契約書を作る

　このように口約束では，いつ取り消されるかわからず，不安定ですから，贈与をする場合には，「贈与契約書」を作るようにします。この契約書には，贈与した人ともらった人がそれぞれ自筆で署名押印しておけば，贈与事実の強力な証拠になります。

確定日付

　また，贈与契約の作成時期を明確にしておきたい場合には，当事者で作成した契約書を公証人役場に持参し，「確定日付」を押してもらえば，その日に契約書が存在していたことの証明になります。

公正証書にする

　契約の内容について明確にしたい場合には，公正証書による贈与契約書として，公証人役場で作成してもらえば，間違いがありません。特に死因贈与契約は，贈与の実行まで長期間を要します。後日の紛争に備えて，死因贈与契約公正証書にしておくべきです（72項）。

72 公正証書による契約のすすめ

○ 公正証書の作成手順 ○

（死因）贈与契約公正証書の作成手順
① 面識のある公証人がいるときは，面談の日時を予約する。公証人を知らないときは，公証人役場に行く。
② 必要書類を用意する。 　贈与者の印鑑証明書，受贈者の印鑑証明書，不動産の登記事項証明書，固定資産税の評価証明書（固定資産税の納付書）など
③ ②の書類を持参し，公証人と面談して，（死因）贈与契約書の作成を委嘱する。
④ 公証人が書類を作成する日数が必要。
⑤ 書類ができて，公証人の日程に合わせて，贈与者と受贈者が公証人役場に出向く。
⑥ 公証人から（死因）贈与契約公正証書の説明を聞いて，問題がなければ，贈与者と受贈者が署名押印する。そして公証人も署名押印する。
⑦ 手数料を支払って，（死因）贈与契約公正証書の原本と謄本を受領する。

> ★公証人には贈与契約書，遺言などを作成してもらえる
> ★公証人役場では，確定日付の印を押してもらえる
> ★公正証書の作成は，まず相談に行き，後日，調印する

公証人と公正証書

　公証人は，当事者その他の関係者の嘱託に応じて，民事に関する公正証書を作成し，私署証書，会社の定款などに，認証を与える権限を有する公務員です。法務大臣が任命し，その指定した法務局，地方法務局に所属しています。公証人に任命される人は，前の職歴が裁判官，検察官，弁護士などの経験者で，法律の専門家です。

　具体的には，公証人は，不動産の賃貸借契約書，金銭消費貸借契約書，遺言，贈与契約書などを作成してくれます。公証人が作成した契約書の内容は適法なものです。

確定日付

　この他，公証人役場では，私的に作成した書類に，日付の印を押してもらえます。これを「確定日付」といいます。これは書類の内容をチェックするものではなく，その書類がその日に存在していた証明になります。

　税務では，書類の日付が，その年の12月31日までか，年明けかで，申告する年分が違ってきます。税務調査が入ってから，贈与契約書を遡って作ったのではないかと疑われると困りますから，贈与契約書に確定日付をもらっておくと，ゆるがぬ証拠資料として役立ちます。

書類作成を依頼するとき

　（死因）贈与契約公正証書を作成してもらう手順は，図表のとおりです。このポイントは，一度，必要書類を持参して公証人と面談（この面談は代理人でも可）し，内容を説明して，書類の作成を委嘱します。そして，書類が完成した後に，二度目に公証人役場に当事者が行き，署名押印して，完成させます。

　要は，公証人が書類を作成するための日数の間を空けて，二度訪問することです

73 贈与についての民法の規定

● 贈与に関する民法の規定 ●

法律行為	効力の発生	内　容
生前贈与	契約時	贈与は贈与者（あげる人）が財産を「タダであげましょう」といい，受贈者（もらう人）が「いただきましょう」といって合意したときに成立する。 　贈与契約は口頭（口約束）でも，書面でも成立する。ただ，書面によらない契約は，履行が終わっていない部分について，いつでも取り消すことができる。
死因贈与	死亡時	贈与者が死亡したら受贈者に財産を与える，という死因贈与契約を生前に結ぶ。贈与者が死亡したときに契約の効力が発生する。
遺贈	死亡時	「相続」とは，被相続人が生前所有していた権利義務を法定相続人が引き継ぐことをいう。 　「遺贈」とは，遺言による財産の処分のことをいう。遺言は民法上の一定の形式によって作成しなければならない。

贈与とは

　贈与は，贈与者が財産を「タダであげましょう」といい，受贈者が「いただきましょう」といって，合意したときに成立します。契約は口頭でも成立しますが，書面によらない契約は履行が終わっていない部分について，いつでも取り消すことができます。

死因贈与とは

　「死因贈与」とは，「私が死んだらこの土地をあげましょう」といい，「それをもらいましょう」という当事者間の贈与契約です。契約ですから，変更や取消しには当事者の合意が必要です（74項）。

　死因贈与の場合は，全体の財産にはふれず，特定の財産を特定の人に贈与することができ，契約も当事者間で結べますから，全体の財産の処分を指定する遺言に比べ，より簡単で便利です。

　死因贈与の場合も，財産の取得者に相続税がかかります。

遺贈とは

　遺贈とは，遺言による財産の贈与のことです。

　遺贈には，包括遺贈と特定遺贈があります。「包括遺贈」は「遺産の半分」というように，財産を特定せず全財産の一定割合を指定し，包括的に行う遺贈です。また「特定遺贈」とは，「この土地を誰に」というように，具体的に財産を特定して行う遺贈をいいます。

　遺贈の場合は，遺言者の一方的な意思表示のため，取消しも変更も自由にできます。

　ところで，遺言がない場合には，相続人間で分割協議をしますが，遺産が分散することが避けられません。特に，農業や，個人経営や同族会社の事業経営者の場合には，その経営基盤である農地，店舗，工場等が細分化され，経営が成り立たなくなることがあります。

　このような場合には，遺言による遺贈を活用するべきです。

74 遺贈より死因贈与が便利

遺贈	「遺言」による財産の処分のことをいう。 「遺言」は，民法上の一定の形式によって作成しなければならない。
	全体の財産の承継を考えて遺言を書く必要があり，手間暇がかかる。
死因贈与	「死因贈与」とは，「私が死んだらこの土地をあげましょう」といい，「それをもらいましょう」という当事者間の贈与契約である。
	「死因贈与」の場合は，全体の財産にはふれず，「特定の財産」を「特定の人」に贈与することができ，契約も当事者間で結べるから，全体の財産の処分を指定する遺言に比べ，より簡単で便利である。

> ★遺言は「入口」「途中」「出口」で問題が生じる
> ★死因贈与は贈与の相手方と財産が決まれば契約ができる
> ★死因贈与は生前に契約し，死亡により効果が生じる

遺言の弱点

　遺言の場合は，全体の財産のリストを作成し，相続人に対しすべての財産を特定する作業が悩ましく，つい面倒になって，先送りしてしまいます。ほとんどの人が遺言書を書きたいと思いながら，ゆっくりと考える暇がないので，実際には書かないままでいます。

　このように，遺言を作る「入口」のハードルが高いのですが，遺言を書いた後の「途中」のメンテナンスも，次のように大変です。

　遺言を書いて年数が経ちますと，財産の内容が，例えば株式を売却して預金にするなど，変化していきますし，子供の態度や親への接し方を見て，遺言者の心境も変化します。まさに「諸行無常」です。遺言の内容を更新する作業が必要になってきます。

　「出口」では，相続人が全員集まって，遺言と異なる分割協議ができます。こうした点から，筆者はあまり遺言を勧めていません。

死因贈与のメリット

　死因贈与をするときは，特定の人に特定の財産を贈与するのが一般的です。「贈与の相手方」と「贈与する財産」が決まれば，即，死因贈与契約ができますから，非常に簡単です。

　まずは，贈与する相手方を決めます。配偶者，子供，孫，兄弟姉妹，親戚，他人というように，誰にでも贈与することができます。

　そして，贈与する財産を決めます。主に，現金，有価証券，不動産ですが，財産に制限はありません。

契約の効力の発生

　民法では「贈与者の死亡によって効力を生ずる贈与については，その性質に反しない限り，遺贈に関する規定を準用する」と定められ，死因贈与は遺言と同じ効力をもっています。契約は生前にしますが，効力は贈与者が死亡すると生じます。

75 収入がある妻たちの預金の管理法

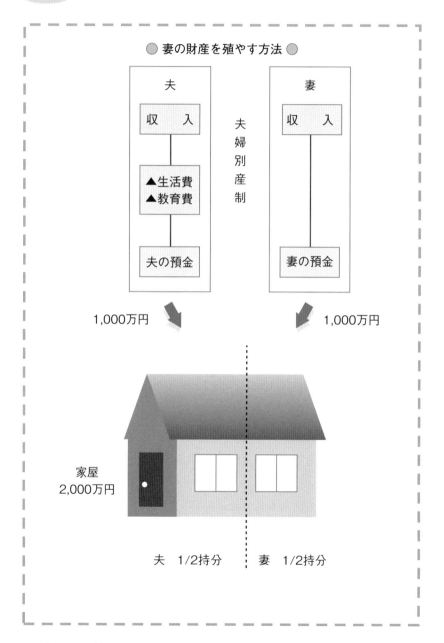

● 妻の財産を殖やす方法 ●

夫		妻
収　入	夫婦別産制	収　入
▲生活費 ▲教育費		
夫の預金		妻の預金

1,000万円　　　　　　　　　1,000万円

家屋
2,000万円

夫　1/2持分　　妻　1/2持分

★婚姻中，自己の名で得た財産は夫または妻の特有財産である
★夫婦別産制とは，夫と妻の財産を別々に管理することである
★夫の預金から生活費を出し，妻の預金を残すのが賢明である

夫婦別産制

民法では，夫婦の一方が婚姻前から有する財産および婚姻中自己の名で得た財産は，その特有財産と定めています。

これを前提に所得税法も，所得がある者に所得税を課すと規定しています。つまり，収入を得た者に所得が帰属し，その財産は特有財産とする「夫婦別産制」がとられています。

しかし一般的には，夫婦共稼ぎの場合，夫婦の収入を一緒にして，それから生活費や教育費を支出し，残ったお金は夫の名義で貯蓄し，いつの間にか，妻の名義のお金が消えています。

そして，夫が自分名義の預金を引き出し，妻にお金をやると，それは贈与になり，贈与税の問題が生じます。また，夫名義の預金ばかりを残しますと，やがて相続税が課税されることになります。

妻の収入は別に管理

「夫婦別産制」がとられている以上，妻に収入がある場合には，妻名義の預金として別に管理し，妻の特有財産としなければなりません。

特に，妻にパート収入がある場合，個人事業で専従者給与がある場合，同族会社で役員報酬がある場合，妻にアパート等の不動産収入がある場合には，その収入は妻のものですから，妻の名義の預金で別に管理したいものです。

妻の預金を残す

図表のように，夫の収入から生活費や教育費（44項）を支出し，残りがあれば夫名義で預金します。妻の収入はすべて妻の名義で預金し，妻の財産形成に努めるべきです。

こうしておけば，マイホームを購入するときにも妻名義の預金から資金が出せますから，妻との共有とするか，妻の持分を入れることができます。

76 「やったつもり」の贈与は認められない

例えば，お母さんが娘に100万円をやることにする。

| お母さん | 娘 |

お母さんの預金から
100万円引出し娘の
名義の預金に入金す
る。 → もらったことを
知らない

〜

通帳はお母さんが管理し
印鑑もお母さんと同じ → 預金は自由に
使えない

このような実状では，民法で定める贈与は成立していない。
娘さんの預金はお母さんの財産である。

> ★お母さんの預金を娘の預金に入れても贈与ではない
> ★娘はもらったことを知らず使えないので贈与ではない
> ★これは「名義預金」であり，お母さんの預金である

お母さんは「やったつもり」

お母さんが娘に100万円を「ヤル」（贈与）ことにします。

よくあるパターンですが，お母さんは自分名義の預金から100万円を引き出し，娘名義の預金口座に入金します。

娘名義の通帳は，常にお母さんの手元にあり，お母さんが管理しています。娘の通帳の金融機関への届け出印鑑も，お母さんが使っている自分の印鑑と同じ印鑑です。

娘はもらったことを知らない

お母さんは，娘さんに100万円を贈与したことを伝えていませんから，娘さんは100万円をもらったことを知りません。

また，娘さんは自分名義の預金通帳があることも知らず，見たこともありませんから，当然，その預金は娘さんが自由には使えません。

民法上の贈与ではない

このような実状は，世間には良くあるパターンです。

お母さんは優しいから，子供や孫が可愛くて，子供や孫が幸せになるように，「お金」を「ヤリ」たいのです。

子供名義の預金通帳だけでなく，孫の名義の預金通帳も，出るわ，出るわ。お母さんの心境としては，1人の孫だけに「ヤル」わけにはいきません。孫全員に平等に「ヤル」ものですから，お母さんは全員の孫の名義の通帳を，束にして持っておられるのです。

言うまでもなく，このような預金通帳だけの引出し，預入れは，当事者間に，民法の贈与契約が成立していません。

税務以前に，法律的に贈与ではないのです。

娘さんやお孫さんの預金を「名義預金」といいます。この「名義預金」は，贈与にはならず，すべて母さんの預金ですから，お母さんの財産です。

77 「やったけど」手放せない「現預金」

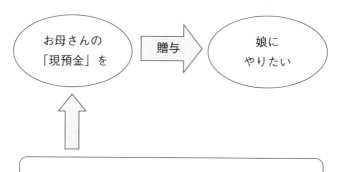

お 母 さ ん の 心 境

お母さんの
「現預金」を

贈与

娘に
やりたい

しかし，お母さんは「現預金」を手放せない

お母さんが「現預金」を手放せない理由

① 一般的に不動産が多く，「現預金」が少ないため，お母さん
は 「現預金」を渡してしまうと，手持が減るので，心細い。
② 老後の必要資金がどれくらいかかるかわからず，不安である。
③ 今後，病気になって，急に「現預金」が必要になる可能性が，
どんどん高くなる。
④ 娘に渡してしまうと，親の心配をよそに備蓄せず，すぐに
使ってしまうおそれがある。

> ★お母さんは手持ちが少なく「現預金」を手放せない
> ★老後の必要資金として，できるだけ多く残したい
> ★娘に渡してしまうと，すぐに使ってしまうおそれがある

お母さんの心境

　お母さんとしては，お母さんの「現金」を娘に「ヤリ」たいのです。しかし，実状はお母さんは「現預金」を手放せないのです。お母さんは「現預金」が手放せない理由が，「山」ほどあるのです。

「現預金」を手放せない理由

　左の下に主な理由をまとめています。これ以外にもたくさんあって困ります。

① 　お母さんがお持ちの財産のうちには，宝石，貴金属，着物など高価なものがあります。ほかに不動産があって資産家なのですが，「現預金」の手持ちが少ないのです。娘にお金を渡してしまうと，手持ちの「現預金」が減るので「心細い」のです。

② 　ましてや，長寿社会になり，65歳の人100人が95歳になったときに，28人が生存しておられるのです。その長い老後の「必要資金」がどれくらいかかるかわからず，不安です。だから，手持ちの「現預金」はできるだけ多く残しておきたいのです。

③ 　今は元気だけど，足腰が弱くなって病気にでもかかると，医療費や介護費用が間違いなくかかります。そのための準備として，手持ちの「現預金」はできるだけ多く残しておきたいのです。

④ 　娘は何の苦労もなく育ってきて，「お金」の大切さを知りません。今「お金」を渡してしまうと，旅行やら着る物にすぐに使ってしまうおそれが十分にあります。だから，「現預金」を渡してしまうのは怖いのです。

渡したいけど渡せない

　歌の文句に，「帰りたいけど帰れない」というのがありますが，それと同じように，お金を「渡したいけど渡せない」のです。

　お母さんは，眠れないほど悩んでいるのです。

78 名義預金は相続財産になる

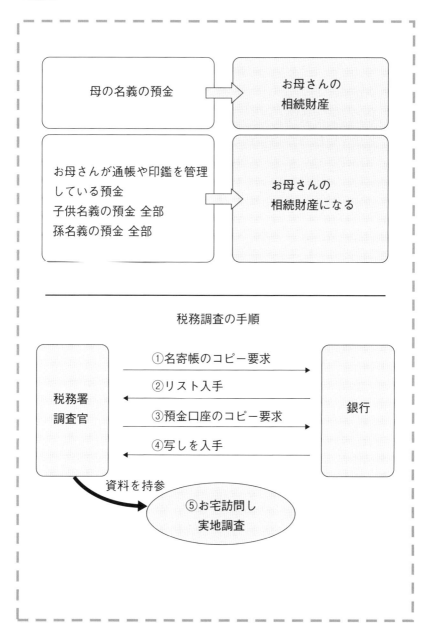

母の名義の預金 → お母さんの相続財産

お母さんが通帳や印鑑を管理している預金
子供名義の預金 全部
孫名義の預金 全部
→ お母さんの相続財産になる

税務調査の手順

税務署調査官

①名寄帳のコピー要求
②リスト入手
③預金口座のコピー要求
④写しを入手

銀行

資料を持参

⑤お宅訪問し実地調査

> ★「名義預金」の名義は他人でも持主はお母さんの預金
> ★相続税申告時に「名義預金」が申告漏れになる
> ★税務調査官は「名義預金」をすべてキャッチする

「名義預金」

　76項で述べましたが，「名義預金」とは，名義は子供・孫になっていても，お母さんが預金の出し入れを行っていたり，実際に，お母さんが通帳や印鑑を管理しており，通帳を子供・孫に引き渡していないような預金です。

　また，子供・孫の側も，通帳が手元にありませんから，お金をもらったことを知らないし，預金を引き出すこともできません。

　名義預金は，名義は子供・孫ですが，実質的にはお母さんの預金であり，お母さんの相続財産として相続税が課税される預金です。

　左の図表のとおり，お母さん名義の預金は当然，お母さんの相続財産になります。その下にある子供や孫名義の「名義預金」も，すべてお母さんの相続財産として，相続税の課税対象になります。

申告漏れになる

　お母さん名義の預金については，残高証明書を取って，税理士に渡して，相続税の申告をします。ところが，相続人は，子供や孫名義の預金は，別人のものと考えて，税理士に知らせないケースが多発します。その名義預金が，相続税の申告漏れになります。

税務署は名義預金を簡単にキャッチ

　左下の図表のとおり，調査官は金融機関に被相続人の「名寄帳（なよせちょう）」のコピーを要求します。名寄帳は，本人名義の預金のリスト，家族名義の預金のリスト，子供や孫の預金のリストがすべて書かれており，調査官はそのコピーを入手します。さらに，調査官は，必要な口座の入出金のコピーを要求し，預金の動きをすべて把握します。また，届け出印鑑もすべてキャッチします。

　そのうえで，名義預金を固めて，実地調査に乗り込んできます。相続人に全く対抗の余地はありません。

79 本来の贈与はこうする

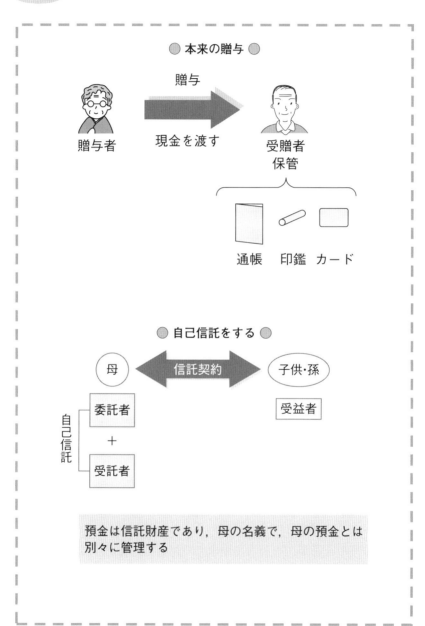

● 本来の贈与 ●

贈与者 → 贈与 現金を渡す → 受贈者 保管

通帳　印鑑　カード

● 自己信託をする ●

母 ← 信託契約 → 子供・孫

委託者 ＋ 受託者 　自己信託

受益者

預金は信託財産であり，母の名義で，母の預金とは別々に管理する

> ★本来の贈与では，受贈者が取得した財産を管理する
> ★名義預金の名義は子供・孫でも，実質的には母の預金である
> ★自己信託をすると，母が贈与した財産を引き続き管理できる

本来の贈与

　贈与は，ある財産を「あげましょう」「いただきましょう」といって贈与者と受贈者の合意により成立します。

　贈与者を母としますと，母は現金を子供・孫の名義の預金に振り込みます。母からの振込みがありますと，①受贈者である子供・孫の預金に入金されます。そして，②子供・孫は通帳や印鑑を自分で管理し，自由に預金の預入れや引出しができます。

　このように，受贈者である子供・孫は自分の通帳や印鑑を管理し，贈与を受けたお金を自由に使える状態が本来の贈与の形です。

資金が不足する

　本来の贈与を続け，実際に現金を子や孫に贈与していきますと，アッという間に，手元の現金がなくなってしまいます。

　本来の贈与を続けるためには，潤沢な現金が必要なのですが，現金は泉のごとく湧き出るものではありません。

　不動産を換金処分しなければ調達ができません。身を切る思いで現金を調達し，贈与をすることになります。

自己信託をする

　母は，「子供・孫に贈与はしてやりたいが，贈与財産は引き続き母が管理を続けたい」との要望があります。このような望みは，信託契約をすれば，適法に実現します。

　信託の委託者は母で，受託者も母になります。これを自己信託といい，公正証書で信託契約を結びます。そして，受益者を子供・孫として，信託した旨を伝えます。

　すると下の図表のとおり，預金は信託財産として母の名義で預かり，通帳を子供・孫に渡さなくても問題はありません。贈与税は子供・孫にかかります。

80 生前贈与がダメなら死因贈与

● 生前贈与と死因贈与の比較 ●

	生前贈与	死因贈与
メリット	①誰にでも贈与できる ②生前に実行できる ③相手の笑顔が見られる ④親・子，祖父母・孫はB方式の贈与ができる	⑨誰とでも契約ができる ⑩誰に，何を贈与するかが決まれば，契約ができる ⑪遺言を書くよりも簡単だから，実現性が高い ⑫当事者が合意すれば取消しができる
デメリット	⑤実行すると訂正ができない ⑥現金・預金を贈与すると流動資金が不足する ⑦子供全員に平等に贈与しないと，兄弟姉妹間でモメることがあり得る ⑧贈与税の負担が重いと生前贈与が難しいので，死因贈与になる	⑬贈与者が亡くなって効力が生じるので，贈与が実現するまでに日時がかかる ⑭贈与者の死亡の事実がわからない場合に，死因贈与契約書を提示するのが遅れる場合がある ⑮死因贈与契約書を提示すると，相続人との間でトラブルが生じることがある

> ★生前贈与はすぐに贈与が完結し，歯切れの良さが優れている
> ★死因贈与は誰に・何を贈与するかが決まれば契約できる
> ★死因贈与は，贈与者が死亡するまでの間，完結しない

生前贈与

生前贈与のメリットは，①誰にでも贈与でき，②生前に贈与が実行できますから，③贈与の相手方の「笑顔」が見られます。

④生前贈与では，当事者と年齢条件を満たせば，贈与税額の負担が低いB方式の贈与が選択できます。生前贈与は，贈与が完結し，宿題を残さない歯切れの良さが優れています。

一方デメリットは，⑤贈与を実行してしまいますと，もはや，訂正はできません。⑥は，母が子供や孫にどんどん贈与すると，どんどん資金がなくなります。⑦生前に贈与をしますと，子供の間でオープンになりますから，もし平等な贈与でなかったら，モメる原因になるかもしれません。⑧A方式の贈与ですと，税額が高くつきます。

生前贈与がだめなら

生前贈与を続けるのは理想ですが，資金が枯渇して，生前贈与が続けられなくなります。

そのときに，「死因贈与契約」をする手があります。例えば「私が死んだら現金1,000万円を娘に贈与する」という契約書を公証人役場で作成してもらい，2人が調印します。これは　生前には資金が出ていかず，お母さんの死後，娘さんが1,000万円の現金を受取れます。

死因贈与

死因贈与は，⑨誰とでも契約でき，⑩誰に・何を贈与すれば良いかが決まれば，即，契約できる点が最大のメリットでしょう。⑪遺言と比較しますと，フットワークが軽いことです。⑫基本は贈与契約ですから，当事者が合意すれば，取消しは可能です。

デメリットは，⑬贈与者の死亡によって効力が生じますから，一定の日時がかかる点です。その他⑭⑮のように，贈与契約書の提示が遅れたり，提示したところクレームがつくことがあるかもしれません。

81 非課税贈与で援助

生活費・教育費は非課税で援助

　A方式の毎年110万円の基礎控除額やB方式の2,500万円までの特別控除額とは別枠で非課税となる贈与である。

　その家庭にとって「通常必要と認められる生活費や教育費」に限度はなく，非課税である。

　ただ，その都度支払われるものに限られ，1年分まとめて渡すと適用はない。

　例えば，祖父母が孫の大学の授業料や東京のマンションの家賃を毎月支払う，孫の生活費を毎月負担する等は適切である。

大型の非課税贈与で資金援助

住宅取得資金	1,500万円まで	子・孫が20歳以上 所得2,000万円～1,000万円以下
教育資金	1,500万円まで	子・孫が29歳まで 所得1,000万円以下
結婚・子育て資金	1,000万円まで	子・孫が20～49歳まで 所得1,000万円以下

> ★民法の「扶養義務」の定めから，生活費・教育費は非課税
> ★通常必要と認められる生活費・教育費は限度なく非課税
> ★大型非課税贈与は金持優遇の不公平税制である

生活費・教育費の贈与

　この13章は「資金援助をする贈与」がテーマですから，「資金援助」にスポットを当てています。

　その家庭にとって「通常必要と認められる生活費や教育費」に限度はなく，非課税で贈与できます。A方式の基礎控除110万円やB方式の特別控除額2,500万円とは全く別枠です。

　この基本ルーツは民法877条，扶養義務者として「直系血族及び兄弟姉妹は，互いに扶養をする義務がある」にあります。

　扶養義務者相互間で，この扶養義務を履行するために，生活費・教育費を援助するのは当然であり，税務上も，制限することなく非課税扱いが当然です。

実例を紹介

　広島市内のド真中の紙屋町に先祖伝来の土地を所有しておられる人（祖父）が，毎月多額に入る不動産収入を原資として，子供に生活費を，孫に教育費を，毎月贈与しておられました。

　受贈者は，贈与を受けたお金を生活費・教育費に使い，受贈者の収入は将来の相続税の納税資金の備蓄として，すべて貯蓄に回しておられました。

　また，孫の東京の大学進学への教育費用も，祖父が入学金，授業料など全額負担しておられました。

大型非課税贈与

　住宅取得資金は，新築優遇の経済対策です。他の２つ，「教育資金」と「結婚・子育て資金」は，「生活費・教育費の贈与」の延長線上の取扱いです。つまり，生活費・教育費を「一括で贈与」する特別措置です。この大型非課税贈与は，資金援助とはいえ，金持ち優遇措置であり不公平税制ですから，早めに期限切れとすべきです。

82 少額な現預金はＡ方式

　Ｂ方式は，一定の要件（60歳以上の祖父母・父母から20歳以上の子供・孫への贈与）を満たさなければ選択できません。
　Ｂ方式を選択しなければ，贈与はすべてＡ方式です。
　Ａ方式は，基礎控除額が少なく，税率が高いため，少額な現金を長期に分割して贈与するのに適しています。

● 贈与税の課税方式 ●

原則　Ａ方式

選択　Ｂ方式

要件を満たすこと
届出書を提出すること

民法上の贈与契約のポイント

① 受贈者に贈与を受けた認識があること
② 受贈者が預金の管理処分を行うこと
③ 預金の印鑑は受贈者のものを使用すること
④ 贈与契約書を作成し保存すること

> ★「暦年贈与」とは，筆者が命名した「Ａ方式」である
> ★「連年贈与」は，毎年継続して行う贈与である
> ★「定期贈与」は，定期の給付を目的とする贈与である

原則はＡ方式

　Ｂ方式は，一定の要件（60歳以上の祖父母・父母から20歳以上の子供・孫への贈与）を満たし，相続時精算課税選択届出書を提出した場合に認められます。Ｂ方式を選択しない場合は，すべてＡ方式で課税されます。

　Ａ方式は，毎年110万円の基礎控除があり，受贈者に贈与税が課税されます。1月1日から12月31日までに贈与を受けた価格を合計し，基礎控除110万円以下の場合には贈与税は課税されませんし，贈与税の申告義務もありません。

暦年贈与，連年贈与，定期贈与が混乱

　「暦年贈与」は，筆者がＡ方式と呼んでいる贈与です。

　「連年贈与」は毎年，贈与契約（口頭も可）を結び，契約に従って，毎年（連年）贈与が行われるものです。贈与税の計算は毎年の受贈額から110万円の基礎控除が適用されます（**87項**）。

　連年贈与を続けても，その贈与が民法上の適法な贈与契約であれば，税務上それを何年分かまとめて「定期贈与」扱いとして，課税することは誤りです。市販書籍やインターネットでは，誤った解釈がされていることがありますので，ご注意ください。

　「定期贈与」は民法552条，相続税法24条に規定があります。「毎年100万円ずつ20年間贈与する」というような定期の給付を目的とする贈与です。「定期金給付契約」を1枚の契約書にしますと，「定期金に関する権利の価額」が課税価格になり課税されます。

贈与のポイント

　下に表示するポイントを守って「連年贈与」すれば毎年の110万円の基礎控除が受けられますから，連年で贈与を続けてください。少額な現預金の贈与はＡ方式が最適です。

83 多額な現預金はB方式

● B方式の要件 ●

区　　分	一般贈与 B方式	住宅取得資金 B方式の特例
贈与者（祖父母・父母）	60歳以上	年齢制限なし
受贈者（子供・孫）	20歳^(注)以上	20歳^(注)以上
贈与財産	何でもよい （制限なし）	現金のみ
特別控除額	2,500万円	2,500万円
超えた部分の税率	20%	20%
届出	B方式の選択届出書を提出 （届け出るとA方式には戻れない）	

注：令和4年4月1日以後は20歳が18歳になる。

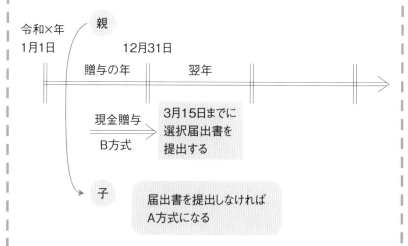

令和×年
1月1日

親

12月31日

贈与の年　　翌年

現金贈与
B方式

3月15日までに
選択届出書を
提出する

子

届出書を提出しなければ
A方式になる

> ★B方式は特別控除額2,500万円，20％の税率，実質非課税
> ★B方式は多額の現金や不動産の贈与に最適である
> ★住宅取得資金の贈与を先にすると，親の年齢制限が外れる

特別控除額2,500万円

　B方式の第1の特徴は，一定の要件を満たし，B方式の選択届出書を提出すれば，特別控除額（2,500万円）が認められることです。

　当事者の要件は，「一般の贈与」の場合，平成27年1月1日以後，贈与者が60歳以上の祖父母や父母，受贈者が20歳以上の子供や孫の組み合わせになります。

税率が20％で非課税

　第2の特徴は，特別控除額を超えた部分に対する税率が一律20％と低いことです。

　第3の特徴は，次のとおり，贈与税が実質的に非課税となっていることです。

　B方式の贈与額は，相続のときに相続財産に加算されて，相続税が計算されます。計算された相続税額から支払った贈与税を控除し，差額の相続税を納税するしくみになっています。相続税のみが課税され，贈与税は課税されていないことになるのです。

多額の現金の贈与

　そこで，例えば，子供の独立開業資金，子供の住宅取得資金，子供の住宅ローンの返済資金，財産分けの資金など，多額の現金を贈与する場合に，B方式を活用するのが得策です。

　特別控除額を超えても，必要な現金であればタイミング良く贈与してください。

年齢制限を外す

　令和3年12月31日までの「住宅取得資金の贈与（＝B方式の特例）」の場合，贈与する親の年齢制限はありません。この贈与を先に利用すれば，以後，親の年齢制限がなくなり「一般の贈与」が利用できます（60項）。

84 効果的な資金援助はＢ方式

● 資金援助の目的別比較 ●

目的のない資金贈与

Ｂ方式が使えるようになったので，目的もなく，2,500万円の資金を子供に贈与した。

子供は，車を買ったり，旅行したり，酒を飲み，ギャンブルもして，アッという間にそのお金を消費した。

何年かして，相続が発生し，例えば30％の税率で相続税が課税されると，750万円の相続税を支払わなければならないが，一銭もお金がない。

目的のある効果的な資金援助

マイホームの取得資金
住宅ローンの繰り上げ返済

独立開業のための資金
事業の運転資金
事業に失敗したときの資金

経営不振でリストラにあったときの資金
企業倒産で失業したときの資金

病気・入院の費用
災害にあったときの一時金

> ★目的もなく多額の資金を子供に贈与するのは厳禁である
> ★マイホーム取得資金，住宅ローンの繰り上げ返済などの援助
> ★資格取得資金，自営業の開業資金，会社設立資金などの援助

目的のない資金贈与

　B方式の贈与は多額の財産が贈与できると聞いて，明確な目的がないまま子供に2,500万円の資金を贈与すると，どのようになるかを示したのが上の図表「目的のない資金贈与」です。

　資金を使う明確な目的がないわけですから，宝くじにでも当たったような気分で，子供は車を買ったり，旅行したり，酒にギャンブルにと，アッという間に消費するかもしれません。

　やがて，親が亡くなったとき，B方式ですから贈与財産が消費してなくなっていても，相続税の課税対象になりますが，相続税がかかっても，納税資金がない，という結末になります。

　このように，必要でないときに目的のない多額の資金を子供に贈与することは，浪費するなど良い結果にはなりませんから厳禁です。

効果的な資金援助

　それに対し，「目的のある効果的な資金援助」の例示を下の図表に示しています。

　人生には浮沈は付き物です。子供が本当に，お金に困り悩んでいるときこそ，親の資金援助が光ります。

　例示の中でも，子供がリストラにあったり，失業したりして，「住宅ローンの返済」ができなくなったときに，B方式の贈与で，まとまった資金を贈与し，住宅ローンの「一括返済」「一部の繰り上げ返済」をする方法があります。

　2,000万円の繰り上げ返済で，金利が約1,600万円もトクする例もあります。親・子と借入先の銀行を交えて協議してみてください。これは，B方式の贈与を活用する最も効果的な資金援助です。

　他にも，もっと前向きに，子供が新しく事業を始めるための独立開業資金を親が援助する，なども効果的といえます。

85 保険料を贈与することもできる

◉ 一時所得となる生命保険契約 ◉

保険料支払人	被保険者	保険金受取人	保険金の種類	かかる税
母	母	母	満期保険金	所得税
子供	母	子供	満期保険金	所得税
子供	母	子供	死亡保険金	所得税

満期保険金＋満期配当金－支払保険料　＜　50万円　→非課税
（満期保険金＋満期配当金－支払保険料－50万円）×1／2＝一時所得

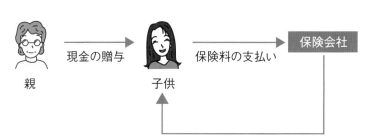

親　　現金の贈与　　子供　　保険料の支払い　　保険会社

満期保険金
または
死亡保険金
を受け取る
と一時所得
として課税
される

> ★保険料支払人と受取人を子供にすると，一時所得になる
> ★一時所得＝（受取保険金－支払保険料－50万円）÷2
> ★子供が支払う保険料を母が贈与すると，相続税の節税になる

一時所得にするプラン

　生命保険の非課税限度額（500万円×相続人数）を利用する生命保険には，1つだけ加入しておけば節税目的は達成できます。2つ目からの生命保険に加入するときは少し工夫をするべきです。

　相続財産が多額である場合には，受取保険金にも相続税が課税されますから，相続税が課税される生命保険に加入しても効果がありません。このような場合には，「相続税の課税」でなく，「一時所得が課税」されるプランの生命保険を検討する余地があります。

　左の図表のように，被保険者は母（または父）とし，保険料支払人と保険金の受取人は子供にします。このプランは親を被保険者としますから，親が高齢になると，支払保険料が高額になる難点があります。親ができるだけ若いうちに加入されるのが賢明です。

このプランのメリット

　このプランのメリットは以下のとおりです。

① 受取保険金を一時所得の課税に持ち込めます。

② 一時所得（所得税）＝（受取保険金－支払保険料－50万円）÷2ですから，所得が出ないこともあります。所得が出ても2分の1の総合課税ですから，税負担は低くなります。

③ 支払保険料相当分は親から子供に贈与します。贈与契約書を締結し，親の預金から子供の預金に振り替え，子供の預金から保険料を引き落とします。これは親の相続財産を減少させる効果がありますから，相続税の節税プランにもなります。

④ 受取保険金は子供に入ってきます。この受取保険金は，もともと親からの贈与によって生じたものですから，親からの財産分けの資金です。この受取保険金は，子供のものですから使うのは自由ですが，相続税の納税資金として使うこともできます。

86 贈与税と相続税の節税対策

● 贈与による節税対策 ●

所有する財産	
Ａ方式の贈与 住宅取得資金等の非課税贈与 教育資金の非課税贈与 などを使って財産を削り込む	相続税の課税対象財産を 少なくする

● 相続による節税対策 ●

所有する財産		
非課税財産にする	売却する ⇩ 売却資産はＡ方式の 贈与で消す	評価引下げ対策をとる
		相続税の課税対象財 産を少なくする

```
相続人を増加              遺産分割

養子縁組          小規模宅地の評価減
                 配偶者の税額軽減
```

★贈与税は，相続税の補完税として高率である
★贈与税は高率な課税だから，贈与する場合も節税する
★Ａ方式の110万円の基礎控除はフル活用する

贈与税と相続税の関係

　贈与しますと高率の贈与税が課税されます。それは，贈与をどんどんして，所有する財産を削り込みますと，相続税の課税が減少する関係にありますから，贈与税は相続税の補完税として，高率な課税になっています。

　したがって，考えもなく贈与しますと，高額な贈与税が課税されますから，贈与する場合も節税の観点から贈与方法を選択しなければなりません。

贈与の節税効果

　Ａ方式による基礎控除が毎年110万円あります。これを連年で使いますと贈与税が課税されず，10年間で1,100万円，20年間で2,200万円贈与できます（定期贈与としないこと・**82項**）。

　これは贈与者１人当たりの金額ですから，配偶者，子供２人，孫２人計５人としますと，なんと１億１千万円も無税で財産が削られて，その分相続税が減少します。

　この節税策を機能させるには，潤沢な資金を用意することです。

　毎年の給与などの収入金，不動産の賃貸収入の確保，不動産の売却資金の確保など，こちらの企画立案のほうが大変です。

　その他，大型非課税贈与の活用は実行してください。

相続税の節税

　１つは相続財産を縮減させる方向です。財産を非課税財産にしたり，不動産を売却して，その資金を贈与により消す方法や，一戸建て貸家を建築する「評価引下げ対策」などがあります。

　２つ目は，相続税の課税のしくみを利用した対策です。養子縁組をして相続人の人数を増やしたり，配偶者の税額軽減措置を上手に使うなどです。

87 連年贈与による相続税の節税

● Ａ方式とＢ方式の税負担の比較 ●

所有財産価額	1　億　円		
課税方式	Ａ方式		Ｂ方式
	（受贈財産）　（贈与税）		（受贈財産）　（贈与税）
1年目	250万円　（14万円）		250万円　　（0）
2年目	250万円　（14万円）		250万円　　（0）
3年目	250万円　（14万円）		250万円　　（0）
贈　4年目	250万円　（14万円）		250万円　　（0）
与　5年目	250万円　（14万円）		250万円　　（0）
6年目	250万円　（14万円）		250万円　　（0）
税　7年目	250万円　（14万円）		250万円　　（0）
8年目	250万円　（14万円）		250万円　　（0）
9年目	250万円　（14万円）		250万円　　（0）
10年目	250万円　（14万円）		250万円　　（0）
計	2,500万円　（140万円）		2,500万円　　（0）
相　続　財　産	7,500万円		7,500万円
相　課税価格	15年目に相続開始とする 7,500万円		2,500万円＋7,500万円 ＝10,000万円
続　算出税額 （相続人を1人とする）	7,500万円－3,600万円※ ＝3,900万円 3,900万円×20％－200万円 ＝580万円		10,000万円－3,600万円※ ＝6,400万円 6,400万円×30％－700万円 ＝1,220万円
税　贈与税額と 相続税額の合計	140万円＋580万円 ＝720万円		1,220万円

注：平成27年1月1日以後の税制により計算。
※表の3,600万円は基礎控除額（3,000万円＋600万円）。

★Ａ方式の贈与は毎年110万円の基礎控除がある

★相続開始前３年を超えた贈与財産は加算されない

★Ａ方式は贈与した財産分だけ相続税の節税効果がある

　図表の最終行の結論を先に見てください。「贈与税額と相続税額の合計」は，Ａ方式が720万円，Ｂ方式が1,220万円となっており，Ａ方式のほうが500万円も節税になっています。税額は改正後で計算しています。左の例は，母の財産は１億円，法定相続人は長男１人として，毎年250万円を10年間贈与し，15年目に相続が開始した場合の贈与税と相続税の税額をＡ方式とＢ方式で計算したものです。

Ａ方式の税額

　先にＡ方式から検討します。毎年250万円の贈与を受けますと，250万円から110万円の基礎控除があり，残り140万円に対して，通常の税率を適用します。200万円以下は10％ですから，贈与税額は14万円になります。この10年間の贈与のトータルが2,500万円，その贈与税が140万円となります（**82**項）。

　Ａ方式の場合は，2,500万円の贈与により，相続財産は7,500万円に減少します。その相続税額が580万円になります。

　ここまでの税額の合計額は，贈与税140万円＋相続税580万円＝720万円になります。

　このように相続税が節税になるのは，相続開始前３年を超えた贈与は相続財産に加算されず，贈与財産が相続財産から切り離されるからです。相続開始前３年以内の贈与は加算されます（**53**項）。

Ｂ方式の税額

　Ｂ方式の場合，贈与を受けても特別控除額2,500万円までは贈与税は課税されません。

　しかし，贈与を受けた2,500万円は相続財産の7,500万円に加算され，１億円に対して相続税が計算されます。この相続税額が1,220万円になります。相続税の節税の観点からはＡ方式に比べて不利ですが，Ｂ方式には有効な活用方法がたくさんあります（**65**項）。

88 資金が余れば大型非課税贈与する（教訓5）

現行の大型非課税贈与を多人数に使うと，例えば，次のように相続財産を減少させることができる

住宅取得資金	1,500万円×6人	9,000万円
教育資金	1,500万円×6人	9,000万円
結婚・子育て資金	1,000万円×6人	6,000万円
相続財産減少額合計（①）		24,000万円

財産5億円，相続人が子供3人の場合の相続税の節税効果

相続税の課税財産	相続税の総額
5億円	12,980万円
5億円－2億4,000万円 [相続財産減少額（上記①）]＝2億6,000万	4,260万円
相続税の節税効果	8,720万円

> ★超大型の贈与による相続税の節税プランである
> ★現実離れした例による節税効果は8,720万円
> ★資金が余れば大型非課税贈与する（教訓５）

大型だから効果大

13章の「資金援助をする贈与」のところの81項，「非課税贈与で援助」で，大型非課税贈与を少し述べました。ここでは「相続税の節税」の観点から述べます。

大型非課税贈与は１件当たりの金額がもともと大きいので，贈与税が非課税となり，さらに財産が大きく削り取られるので，相続税も大幅に節税になります。節税効果の大きい節税対策です。

多人数に使うこと

上の図表のとおり，３つの大型非課税贈与を６人ずつに使った場合の合計額を計算しました。

極端な例で腰が抜けそうな金額になりました。9,000万円＋9,000万円＋6,000万円＝２億4,000万円にもなりました。これだけ巨額な資産が贈与できる人はほとんどいないと思われます。たまたま巨額の資金が入金する例としては，東京都心の土地を売却したとか，道路用地に買収されたとか，事業に大成功したとか，稀なことでしょう。

資金が余れば大型非課税贈与する（教訓５）

財産５億円，相続人は子供３人とした場合の相続税額の比較です。

５億円で，何も対策をしなかったときは１億2,980万円，左の大型非課税贈与を実行したときは4,260万円になります。

節税効果は8,720万円にも上る，驚くべき節税効果です。

お母さんが，90歳を迎えられると，そろそろ贈与を開始されます。老後の必要資金が予算より余っており，相続税が課税される場合には，そのときに活用できる大型非課税贈与を一気に実行してください。

ただ，余った資金を残せば，財産分割資金，納税資金などに使え重宝します。

89 資金調達は不動産の売却

● 土地（長期所有物件）3億円を売却 ●

土地 3億円	概算の譲渡所得税 20％として	6,000万円
	手取資金 80％として	24,000万円

手取資金を88項の非課税贈与で支出すると相続税は次のようになる。当初5億円，相続人子供3人

相続税課税財産	相続税の総額
5億円（相続人 子供3人）	12,980万円
5億円－3億円（土地売却分）＝2億円	2,460万円
相続税の節税効果	10,520万円

● 財産残高の単純比較 ●

何もしなかったとき		不動産を売却し贈与したとき	
財産	50,000万円	財産	50,000万円
		土地売却（税込み）	△30,000万円
相続税	△12,980万円	相続税	△2,460万円
		贈与分の財産が残ったものとして	24,000万円
財産残高	37,020万円	財産残高	41,540万円
		単純に多い	4,520万円

> ★多額に「資金」を確保するのは「不動産」の売却になる
> ★「不動産」を売却すると所得税が概算で20%かかる
> ★それでも「資金」は贈与するために必要である

「資金」が欲しい

　贈与をすれば，所有財産が減少し，その分だけ相続税の節税になります。ところが，これまで見てきたように，贈与をすれば，多額な資金がアッという間に消えてしまいます。

　実弾（資産）がなければ戦（贈与）はできません。

　一般的に，どの家庭も「不動産」の保有高が多くて「資金」が少ない傾向があります。

　手っ取り早く，「不動産」を売却して「資金化」し，それを贈与することになります。

土地3億円を売却

　個人所有の土地を売却すると，所有期間が5年以下であれば，短期譲渡所得，5年超であれば，長期譲渡所得になります。

　長期譲渡所得は，分離課税で譲渡所得金額の20.315%ですが，概算で20%とします。

　ドンブリ勘定で，3億円の20%の所得税6,000万円とし，手取金を2億4,000万円とします。

　この2億4,000万円を前88項の大型非課税贈与とした場合を想定し，相続税の節税額を計算しました。

　5億円のままだと，1億2,980万円。土地3億円を売却し，資金は贈与で消すと，2,460万円になります。

　節税額は1億520万円にも達します。

財産残高の純増

　一番下の表です。何もしなかったときの財産残高は3億7,020万円です。不動産3億円を売却し，手取りの2億4,000万円を贈与しましたが，これが財産として残っているものとすれば，財産残高4億1,540万円となって，財産は4,520万円純増になると計算されます。

90 値上がりする財産はB方式

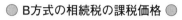

● B方式の相続税の課税価格 ●

評価額

3,000万円 — 贈与しないで相続を迎えた
ときの相続税の課税価格

節税額＝評価差額×相続税率

1,000万円 — B方式を利用して贈
与した場合の相続
税の課税価格

時間軸

贈与時点　　相続時点

● 値上がりする財産は早めに贈与する ●

土　　地	・その土地の近くに鉄道の新駅ができる ・その土地の近くに広い道路ができる ・現在，区画整理中の土地 ・公共用地として買収される予定の土地
株　　式	・高騰している上場株式 ・値上がりの確実な未公開株式 ・値上がりが見込める自社株

> ★加算する贈与財産の価額は，贈与時の時価（申告価格）である
> ★贈与時よりも値上がりすれば，相続税の節税になる
> ★土地の近くに新駅ができたり道路ができると値上がりする

贈与時の価格で加算

　まず，上の図表で，しくみを検討しましょう。B方式の贈与財産を相続財産に加算するときの価額は，「贈与時の時価」つまり「贈与税の申告書に記入した贈与財産の価格」です。

値上がりしたら

　図表では，相続財産に加算される価額は，贈与時点の時価である1,000万円です。もし，贈与しなかったら，相続時点では値上がりしていて3,000万円だとすると，その差額の2,000万円に対する相続税の税率分だけ，相続税が節税されたことになります。

値下がりしたら

　これはものすごくトクですが，よく考えてみますと，逆の場合は大損になるわけです。

　例えば，贈与時の時価が1億円であった財産が値下がりして，相続時点では2,000万円になっていたとしても，相続財産に加算する課税価格は1億円ですから，5倍の相続税を支払うことになります。

　このように，この活用方法は「両刃の剣」で，将来の価格が上がればトクですが，下がれば損になるので，よほど確実に値上がりするものでなければ実行できません。

値上がりするものは

　下の図表のとおりです。土地については，その土地の近くに電車の新駅ができる，その土地の近くに広い道路ができる，区画整理中の土地など，将来値上がりが期待できるものがあれば早めに贈与します。

　株式については，高騰している上場株式や値上がりの確実な未公開株式などがあります。自社株については，本当に値上がりするかどうかは誰にもわかりませんが，上場を目標にしている場合には，未公開株式ですから，期待できるでしょう。

91 B方式は多額な財産が贈与できる

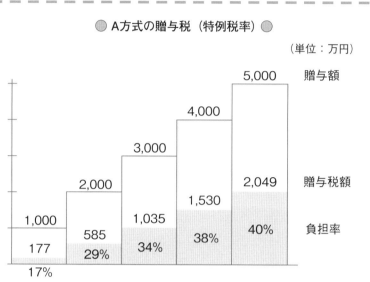

● A方式の贈与税（特例税率）●

（単位：万円）

5,000　　贈与額

4,000

3,000

2,000　　　　　　　　　　2,049　　贈与税額

1,000　　　　　　　1,035　　1,530

　　　　　585　　　　　　　　　　　　　負担率

177　　29%　　34%　　38%　　40%

17%

注：平成27年1月1日以後の税制により計算。

● B方式の贈与税 ●

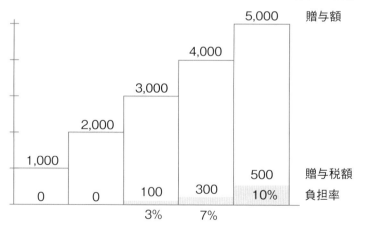

（単位：万円）

5,000　　贈与額

4,000

3,000

2,000

1,000

　　　　　　　　　　　　　　500　　贈与税額

0　　0　　100　　300　　10%　　負担率

　　　　　3%　　7%

> ★B方式の贈与は，贈与財産を含めて相続税が課税される
> ★B方式の贈与税は，A方式に比べ極端に少なくなっている
> ★B方式は贈与税の負担率が低いので，多額の贈与ができる

　図表は，贈与に対する贈与税額と負担率を比較したものです。上のグラフがA方式で，下のグラフがB方式です。A方式の贈与税率が改正されました。平成27年1月1日以後の税率で「特例税率」により計算しています。

B方式は税額が少ない

　B方式の贈与では，2,500万円の特別控除額があり，しかも2,500万円を超えた額に対して一律20％の低率課税のため，贈与税の負担が大幅に少なくなっています。

　A方式と比較しますと，A方式で2,000万円の贈与をすると，贈与税額585万円，29％の負担率ですが，B方式で2,000万円の贈与をしても，2,500万円の特別控除額以内ですから，贈与税はゼロです。

　A方式で3,000万円の贈与をすると，贈与税額1,035万円，34％の負担率ですが，B方式で3,000万円の贈与をしても，贈与税100万円，負担率3％です。

　このようにB方式の贈与は，極端に贈与税額が少なくなっています。

多額の贈与ができる

　税負担が低いため，B方式の贈与では，多額な財産を贈与することが可能になります。B方式で5,000万円を贈与したときの贈与税は500万円，10％の負担率です。1億円の贈与でも，1,500万円，負担率15％になるだけです。

　しかも，この贈与税はやがて相続税から差し引かれますから，相続税の前払い分・先払い分といえます。B方式では相続税だけが課税され，実質的に贈与税は課税されないしくみになっています。

　このように多額の贈与が可能であるため，**84**項で述べたように「効果的な資金援助はB方式」や**92**項の「B方式は財産分けができる」などの活用ができます。

92 B方式は財産分けができる

● 財産分割に対する効果 ●

区分	内　　容	財産分割
遺言の弱点	①遺言が発見されないことがある。 ②発見されても破棄されることがある。 ③家庭裁判所の検認手続きを受けずに開封すると無効になる。 ④書き方が，民法に適合していないと無効になる。 ⑤公正証書遺言の存在を相続人が誰も知らない。 ⑥相続人の力関係で遺言が無視され，別の遺産分割協議が成立することもある。	遺言どおりの財産分割が実現するとは限らない。
生前贈与契約	生前の当事者間の贈与契約により，財産の所有権の移転が確実に行われる（贈与税の課税対象）。	贈与を履行すれば，財産分割が思いどおりに実現する。
死因贈与契約	生前の当事者間の死因贈与契約（死んだら特定の財産を贈与するという契約）により，死亡後に効力が発生する。死因贈与契約書は公正証書にしておくべきである（相続税の課税対象）。	財産分割が確実に実現する。

> ★遺言による財産分けは，確実に実現する保証はない
> ★生前贈与を履行すれば，思いどおりの財産分けが実現する
> ★多額の生前贈与でも，Ｂ方式なら贈与税は少なくてすむ

遺言の弱点

「遺言の安心神話」があり，遺言を書いておけば財産分けは完了し，「安心」と思い込んでいる人がおられます。しかし，図表に示したように，遺言にも弱点があります。

①から④までは，自筆証書遺言で発見されないとか（令和２年７月10日より自筆証書遺言保管制度が開始），発見されても破棄されたとか，開封を家庭裁判所で行わなかったとか，開封してみたけれど適法な遺言ではなかったなどの問題があります。

このような問題の発生を防ぐのが公正証書遺言ですが，これでも⑤のように，公正証書遺言の存在を相続人の誰もが知らなかったら，ないのと一緒です。また，⑥のように，遺言には強制力はありませんので，遺言を無視して，相続人全員が集まり遺言と内容の異なる遺産分割協議が成立することさえあります。正に「死人に口なし」です。

このように，遺言どおりの財産分割が実現するとは限らないのです。

生前贈与のすすめ

その点，生前贈与契約は，履行すれば取り消しはできないので，思いどおりの財産分けが実現します。

例えば，長男を後継者としたときに，次男，三男に，それぞれの住宅用の土地を早めに贈与して，財産分けを早くすることができます。

また，嫁いだ娘にも，まとまった現金を贈与するとか，住宅取得資金や住宅ローンの繰り上げ返済資金の贈与をするとか，発言力の弱い人に早々と財産分けをすませておくのも安心です。この場合も，Ｂ方式の贈与は有効です。2,500万円までは非課税で実行できます。

生前贈与ができなければ，死因贈与も当事者間の契約で成立しますから，財産分けが確実に行われます。

93 孫への贈与は6馬力

注：令和4年4月1日以後は，20歳は18歳になります。

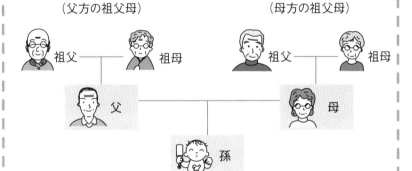

（父方の祖父母）　　　　　　　　　　（母方の祖父母）

祖父　　祖母　　　　　　　　　祖父　　　　祖母

父　　　　　　　　　　　　　　母

孫

⬤ 孫が受けられる特別控除額 ⬤

続　柄		特　別　控　除　額		
父方	祖父	2,500万円	祖母	2,500万円
母方	祖父	2,500万円	祖母	2,500万円
両親	父	2,500万円	母	2,500万円
合　計		最大6人　1億5,000万円		

> ★受贈者の範囲に，20歳以上である孫が追加される
>
> ★父方の祖父母，母方の祖父母，両親で6人にもなる
>
> ★特別控除額は最大2,500万円×6人＝1億5,000万円になる

平成25年のB方式の改正

　B方式の適用要件については，高齢者の保有資産の若年世代への早期移転を促し，消費拡大を通じた経済活性化を図る趣旨から，次の見直しが行われました。

① 　受贈者の範囲に，20歳以上である孫が追加されました。

② 　贈与者の年齢要件が，60歳以上に引き下げられました。

　これらの年齢は贈与の年の1月1日現在の満年齢です。

孫が追加された内容

　上の図表のとおり，改正租税特別措置法が定められました。

　それは「受贈者が贈与者の孫であれば，B方式の選択ができる」という内容です。

　ところで，中程の図表のとおり，孫から見ますと，祖父母は「父方の祖父母」と「母方の祖父母」が適用対象者となります。全員ご健在であれば，4人になります。また以前から「両親」は適用対象者ですから，合わせて6人にもなります。

　特別控除額2,500万円が6人に適用され，計算上は1億5,000万円にも達します。多すぎて怖い感じがしますが，税法上の特別の定めはありませんから，間違いではありません。

孫へのB方式のデメリット

　孫へのB方式による贈与は，相続税の計算上は不利な点があります。孫が受贈者の場合，孫は法定相続人でないため，相続税の基礎控除額を計算する際に「3,000万円＋600万円×法定相続人数」の人数に含まれません。

　また，一親等の血族でないため，相続税額の20％加算の対象になります。さらに，相続人でないため，被相続人にかかる債務や葬式費用を負担しても，債務控除の適用が受けられません。

94 A方式でファミリー単位の贈与

A方式の贈与は，基礎控除額が110万円と少なく，税率も最高55％と超過累進課税となっています。そのため，長期間に分割して少額な財産をゆっくりと贈与するのに適しています。

A方式で，一度に多額な財産を贈与する場合には，受け取る相手方を多人数にする工夫をします。

● ファミリー単位の贈与例 ●

例1　現金2,000万円をA方式で次男のファミリー（次男・妻・子供3人の計5人）に贈与したときの贈与税額

1人分の課税価格　2,000万円÷5人＝400万円

1人分の税額　（400万円－110万円）×15％－10万円＝33.5万円

5人分の税額　33.5万円×5人＝167.5万円

例2　現金2,000万円をA方式で次男のファミリー（5人）に2年に分けて贈与したときの贈与税額

1年分の課税価格　2,000万円÷2年＝1,000万円

1人分の課税価格　1,000万円÷5人＝200万円

1人分の税額　（200万円－110万円）×10％＝9万円

5人分の税額　9万円×5人＝45万円

2年分の税額　45万円×2年＝90万円

全員が20歳以上とし，特例税率を適用。

> ★A方式の110万円の基礎控除を有効活用せよ
> ★長期間に「年数」を増やすか，１年の「人数」を増やすか
> ★人数を増やし，ファミリー単位の節税も考える

毎年110万円の基礎控除

　Ａ方式の贈与には，毎年110万円の基礎控除があります。この基礎控除が，10年分では1,100万円，20年分では2,200万円にもなります。じっくり長期間かけて贈与すれば，多額の財産が無税で贈与できるのです。

　この点は良く理解されており，おばあちゃんが，お孫さんに，現金を長期に分割して贈与しておられます。

受贈者を多人数とすると

　ところが，何らかの事情で「まとまった現金を一度に贈与したい」，あるいは「土地を一度に贈与したい」というときに，多額な贈与税がかかるため，断念するというケースがあります。

　この場合に，受け取る相手方を「１人」ではなく「多人数」にするという，分割の発想がなかなかできないようです。

　贈与財産をファミリーで受贈するのがまずい場合には無理ですが，実質的にファミリーで受け取っても問題がなければ，ファミリーで受け取れば節税になります。例えば，受け取る相手を「次男」１人にせず，次男の妻，次男の子供などを加え，「次男のファミリー」が受け取ればよいのです。

大幅な節税効果

　左の例で，2,000万円をＡ方式で１人に贈与しますと，贈与税は585.5万円にもなり，贈与する意味がありません。

　例１のように，５人に分割しますと，贈与税は167.5万円になります。

　例２ですと，２年に分けて，さらに５人に分割しますと，贈与税は90万円になります。

95 自宅(建物)の贈与方法

　自宅の贈与は，配偶者か子供かになるでしょう。

　配偶者に贈与する場合には，婚姻期間が20年以上であれば，2,000万円の「贈与税の配偶者控除」があります。

　子供に贈与する場合には，自宅の評価額により，評価額が低ければA方式を，評価額が高ければB方式を選択します。

● 自宅の贈与のしかた ●

自宅

| 固定資産税評価額 | ＝ | 贈与税の評価額 |

自宅の贈与	配偶者へ	配偶者控除 2,000万円	使わない	A方式の贈与
			使う (46項)	建物を贈与して，残額があれば敷地も贈与する
	子供へ	評価額	低い	A方式の贈与
			高い	B方式の贈与

　自宅の敷地の贈与については，小規模宅地の特例との関係を検討すること（5章）

> ★建物の相続税評価は，固定資産税評価額である
> ★200万円の「贈与税の配偶者控除」は，相続税の節税になる
> ★小規模宅地の評価減を狙うのであれば，贈与はしない

建物は固定資産税評価額

　ここでは自宅（建物）の贈与を取り上げ，宅地（土地）について96項で取り上げます。

　図表の上から順に説明をします。贈与税を計算する場合には，自宅の評価額は固定資産税評価額になります。まず，評価額を確かめてから，誰にどのように贈与するか作戦を立てます。

　贈与する相手は，配偶者（妻または夫）か子供が考えられます。

配偶者への贈与

　配偶者の場合は婚姻期間が20年以上であれば，110万円の基礎控除とは別に，2,000万円の「贈与税の配偶者控除」が使えます（46項）。

　通常は，新築後の年数が経過しており，自宅の評価額は，かなり低くなっていますから，自宅だけの贈与ですと，「贈与税の配偶者控除」が余ります。

　例えば，自宅の評価額を300万円としますと，「贈与税の配偶者控除」が1,700万円余ります。この余りで同年に宅地を贈与します。

子供への贈与

　次に，子供に贈与する場合には自宅の評価額により，Ａ方式かＢ方式かを選択することになります。評価額が低ければＡ方式で，評価額が高ければＢ方式で贈与します。

　図表の下に表示していますが，宅地を贈与しますと，相続に際し，小規模宅地の特例を受けることができなくなりますから，宅地の贈与は十分検討し，慎重に実行してください（5章）。

　Ｂ方式の場合，贈与財産は相続財産に加算されますが，小規模宅地の特例は適用できません。小規模宅地の評価減を狙う場合は，その宅地は贈与してはいけません。

96　自宅（土地）の贈与方法

● 住宅の敷地の贈与 ●

すでに親の土地に次男が住宅を
建てている場合

次男の住宅

親の土地200m²，15万円/m²

財産分けとして，住宅の敷地を次男に
B方式で贈与する。

B方式の贈与税の計算

200m² × 15万円　＝　　3,000万円

B方式の特別控除　　　　2,500万円
　　　　　　　　　　　　―――――――
　　　　　　　　　　　　　　500万円

一律20％の税率　　×　　　20％

贈与税　　　　　　　　　　100万円
　　　　　　　　　　　　―――――――

> ★値上がりする財産は，Ｂ方式の贈与で相続税の節税ができる
> ★Ｂ方式は，贈与税が少ないので多額の財産が贈与できる
> ★Ｂ方式の贈与は，早めの「財産分け」としても活用できる

Ｂ方式の相続税の節税は

　63項でみたとおり，Ｂ方式の贈与では，相続財産に加算する贈与財産の価額は贈与時点の価額とされていますから，贈与したときに価額が低く，その後，値上がりが見込まれる土地については，早めにＢ方式で贈与すれば相続税の節税効果があります。

　しかし，主要都市以外では，地価の急激な値上がりはないと考えられる土地は，Ｂ方式の贈与では相続税の節税にはなりません。

土地の贈与にＢ方式

　そこで，相続税の節税という観点を捨てると，Ｂ方式の贈与は多額の財産が贈与できるというメリットがあり，土地の贈与にも活用できます（91項）。

　例えば，１億円の土地をＢ方式で贈与しても，贈与税は（10,000万円−2,500万円）×20％＝1,500万円ですみます。

　このように，まとまった土地を贈与できますが，はっきりした目的もなく，値上がりの期待もなければ，あまりお勧めできません。

　そこで，お勧めできるのは，はっきりした目的のある贈与として，「早めの財産分け」があります（92項）。

財産分けに

　例えば，都市周辺の農家で，次のようなケースがよくあります。

　長男は農業の後継者として田，畑や親の住宅を引き継ぐ予定になっており，次男は大学を出て役場や地元の企業に勤め，親の土地にマイホームを建てているようなケースです。

　図表のように，財産分けとして，3,000万円の土地を，次男にＢ方式で贈与すれば，贈与税は100万円です。

　この贈与税は将来，相続税から差し引けますから，相続税の前払いと考えられます。相続税がかからなければ，全額が還付されます。

97 貸家の贈与で所得税を節税

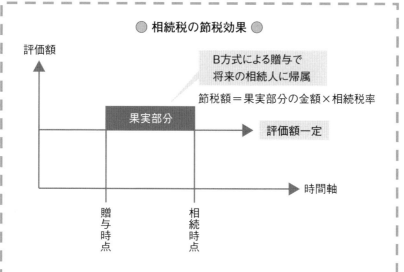

● 相続税の節税効果 ●

評価額

B方式による贈与で
将来の相続人に帰属

節税額＝果実部分の金額×相続税率

果実部分

評価額一定

時間軸

贈与時点　相続時点

● 所得税の節税と納税資金の確保 ●

項　　目	親が所有	子供に贈与
賃貸建物の価額	3,000万円	3,000万円
所得金額	1,000万円	1,000万円
所得税および住民税（親50％，子供20％とする）	500万円	200万円
10年間のキャッシュフロー	5,000万円	8,000万円

> ★賃貸不動産の土地は親に残し，建物のみをＢ方式で贈与する
> ★所得の分散ができるため，毎年の所得税の節税ができる
> ★収入金が子供の預金になり，親の相続税の節税になる

賃貸建物の贈与

　運用収益とは，資産を運用して生まれる収益ですから，不動産の賃貸収入や有価証券投資による利息や配当の収入のことです。不動産の賃貸収入は，貸家，アパート，貸店舗，貸事務所など，家賃や地代の収入です。

　この項で説明するＢ方式の活用方法は，賃貸建物（土地は高額になるので，建物部分のみ）を親が子供に贈与するものですが，この活用方法には次の３つのメリットがあります。

① 所得税の節税メリット

　賃貸建物を子供に贈与すれば，不動産所得を親から子供に分散することができます。通常，親のほうが保有資産が多く，所得金額も多いと考えられますから，所得税率も高いでしょう。親に比べ，子供の所得税率が低いと，所得税率の差だけ，所得税の節税になります。

　下の図表は，賃貸建物を親が所有している場合と，子供に贈与した場合を比較していますが，この例では，所得税率が30％低く，毎年300万円もの所得税が節税になっています。

② 相続税の節税メリット

　さらに，10年間のキャッシュフローは親が所有すると5,000万円で，贈与しなければこの5,000万円は相続税の課税対象になります。上の図表では，贈与すると果実部分が子供に帰属するため，相続税が節税になることを表示しています。

③ 納税資金に使えるメリット

　子供のキャッシュフロー8,000万円は，子供の預金ですから，子供が自由に使うことができます。

　ところが，相続に際し，多額の相続税が課税された場合には，相続税の納税資金としても活用できます。

98 貸家（建物）の贈与方法

● アパートの贈与のしかた ●

母　　　アパートのみ　　　子供

贈与

アパート　　　　　　　　アパート

〈使用貸借契約〉

敷地　　　　　　　　敷地
母　　　　　　　　　母

財産分けを考えながら，賃貸物件（貸家，アパート，貸ビル等）
の建物のみを贈与します。
①賃貸物件の場合，建物の評価額は借家権が30％引けるので，
　次のように計算します。
　　　固定資産税評価額×70％
②土地は評価額が高いので，相続時に相続します。

> ★貸家などは，固定資産税評価額の70％で贈与できる
> ★贈与すると家賃収入が子供に移り，所得税の節税になる
> ★土地は，母からタダで借りる使用貸借契約にする

建物のみを贈与

　母が所有する貸家・アパート・貸ビル・貸店舗などの家賃収入がある物件は，建物のみをB方式で贈与するのが賢明です。

　このメリットは，建物の評価額がかなり低い点にあります。建物は固定資産税評価額ですから，各市区町村から送付されてくる固定資産税の納税通知書を見るとわかります。それが手元にないときには各市区町村の資産税課で，固定資産税評価証明書の交付を受けてください。

　賃貸物件であれば，その金額から借家権が30％引けます。つまり，固定資産税評価額の70％で贈与できるのです。

所得税の節税に有効

　建物の贈与により，贈与した日以後，その家賃収入が子供に入ることになります。母と不動産収入の分散を図ることができ，子供の所得税率が低いときには所得税の節税になります（**97項**）。

　所得税は，所得金額が多くなるほど税率が高くなる構造になっていますから，家族全体の所得金額を家族の構成員ができるだけ均等になるように所得を分散することが所得税の節税のポイントです。

土地は使用貸借

　その敷地である土地は一般に評価額が高いので，母の所有のままにしておき，相続時に相続するようにします。それまでの間は母からタダで借りる使用貸借契約を結びます。

　使用貸借契約の場合でも，その土地の固定資産税は子供が負担しても構いません。使用貸借契約のデメリットは，土地の相続税評価額が更地のままとなり評価減ができないことです。

　贈与せず，母が建物をそのまま所有している場合は，その敷地は貸家建付地として，その地域の借地権割合×借家権割合に相当する額（約15％）が控除されます。

99 敷金などの債務を清算する

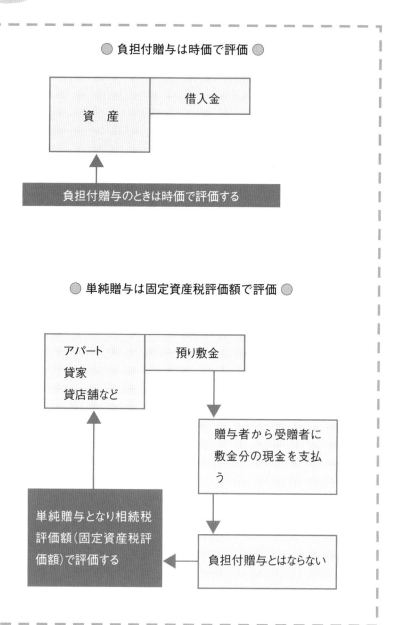

● 負担付贈与は時価で評価 ●

資　産	借入金

負担付贈与のときは時価で評価する

● 単純贈与は固定資産税評価額で評価 ●

アパート 貸家 貸店舗など	預り敷金

贈与者から受贈者に敷金分の現金を支払う

負担付贈与とはならない

単純贈与となり相続税評価額（固定資産税評価額）で評価する

> ★敷金返還債務を子供が負担すると，負担付贈与になる
> ★負担付贈与になると，建物が時価評価となり面倒になる
> ★敷金返還債務分を母から受け取ると，単純贈与になる

敷金の引継ぎ

97項と98項で，貸家・アパート等の贈与について説明しましたが，贈与をするときには重要な注意点があります。

贈与する物件が賃貸用の貸家・アパートなどの建物ですから，入居者から預かった「敷金」なり「保証金」が必ずあります。

建物を贈与するとともに，この預かり敷金（負債）を子供に引き継がせると，負債を子供に負担させたことになり，この取引は「負担付贈与」になります。

負担付贈与になると

負担付贈与の注意点は，贈与する資産の評価を「通常の取引価額（時価）」で評価することになっている点です。

したがって，負担付贈与になれば，これまでに説明したように建物が相続税評価額では評価できず，贈与時の時価で評価しなければなりません。

ただ，あまり目くじらを立てて「時価」だと恐れなくても，建物の時価を算定すると必ずしも固定資産税評価額よりも高いものばかりではなく，低い場合もあるでしょう。

いずれにしても，負担付贈与にならないほうが税務上，トラブルは少ないので，これを下の図表のように解消します。

敷金を子供に支払う

それは，預かり「敷金」なり「保証金」を贈与者である母から，受贈者である子供に現金で支払ってもらうのです。

これで，建物の贈与は負担付贈与にはなりません。子供には債務の負担がなくなり，建物のみの単純贈与になります。

母から敷金分を現金でもらいますが，同時に賃借人への敷金返還債務も受け継ぎますから，＋－ゼロで贈与税はかかりません。

100 貸家の贈与・売却のメリット

● 子供に貸家等を贈与・売却したときのメリット ●

区分	母	子供	メリット
建物	母所有	子供所有	建物のみを贈与・売却する。 土地は使用貸借
所得と税金	1,000万円 50%とすると 500万円	1,000万円 30%とすると 300万円	建物の贈与・売却により，所得が子供に移転する。母と子供で税率に差があれば所得税などの節税効果が毎年ある
果実	母に遺産が 500万円残る	子供に資産が 700万円残る	子供の資産が増える
相続	果実の500万円は相続税の課税対象となり，相続税が課税される	果実の700万円は子供の資産であり，母の相続税はかからない	資産が子供に分散されるため，相続税の節税効果がある
			子供の資産は母の相続税の納税資金として使える

> ★賃貸収入物件を持っていると母の所得税の負担が重くなる
> ★贈与すると母と子供の所得税率の差だけ節税になる
> ★母の所有のままと比較して相続税も節税になる

売却も贈与と同じメリット

　図表の母の区分のとおり，貸家・アパート等を母がキープすると，その家賃収入は母に帰属し，母に不動産所得が生じます。この不動産所得は，母の預金として残ります。やがてその預金は母の相続税の課税対象となり，相続税が課税されることになります。

　そこで，97項ではお母さんが貸家を「贈与」することを述べましたが，「売却」しても同様のメリットがあります。図表は贈与・売却による所有権移転のメリットをまとめています。

個人に売却する方法

　売る相手は子供や孫の個人を検討します。お母さんは貸家の帳簿価額（取得価額−減価償却費）で，個人に売却しますと，譲渡による所得はゼロですから，所得税はかかりません。帳簿価額より高く売ると，差額の譲渡所得に所得税がかかります（39項）。

　お母さんには建物代金が入ってきますから，老後の必要資金，贈与資金として自由に使えてラッキーです。

　買った個人は購入代金を，手持ち資金で支払うか，金融機関から借り入れて支払います。借入金の返済は家賃収入から支払いますから，返済金が家賃の範囲内になるように借入期間を設定してください。

会社に売る手もある

　個人に売却せず，子供・孫が経営する不動産管理会社に売却する方法もあります（39項）。

　会社に売却した場合には，土地の無償返還届出書を提出しても，その土地の相続税評価額が20％減額できるメリットがあります。

　個人に売却するか，会社に売却するかの選択は，会社を維持する手間とコストとの兼ね合いで判断します。年200万円から300万円の不動産所得であれば，個人に売却したほうがよいでしょう。

贈与税速算表

特例贈与の速算表

直系尊属→20歳以上の者の場合 （Ⓐ）

課税価格	税率	控除額
200万円以下	10%	—
400万円以下	15%	10万円
600万円以下	20%	30万円
1,000万円以下	30%	90万円
1,500万円以下	40%	190万円
3,000万円以下	45%	265万円
4,500万円以下	50%	415万円
4,500万円超	55%	640万円

一般贈与の速算表

上記以外で通常の贈与の場合 （Ⓑ）

課税価格	税率	控除額
200万円以下	10%	—
300万円以下	15%	10万円
400万円以下	20%	25万円
600万円以下	30%	65万円
1,000万円以下	40%	125万円
1,500万円以下	45%	175万円
3,000万円以下	50%	250万円
3,000万円超	55%	400万円

※Ⓐの20歳は令和4年4月1日以降は18歳

贈与税額の計算

課　税　価　格
1年間の受贈額の合計 －　基礎控除110万円

×　税率　％

－　控除額

贈与税額

税率が異なる場合の贈与税額の計算 （52項）

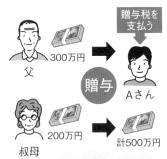

贈与税を
支払う

300万円
父

贈与

Aさん

200万円
叔母

計500万円

複数の人から贈与を受けた場合，年間でもらった金額を一度すべて合計し，基礎控除を差し引いてからそれぞれの税率の計算をする，というしくみです。

計算例

❶贈与された金額から基礎控除を差し引く
500万円－110万円＝390万円
（基礎控除）

❷それぞれの税率で計算する
（使用する速算表：父➡上記Ⓐ／叔母➡Ⓑ）

父：(390万円×15%−10万円)×$\frac{300}{500}$
（控除額）
＝**29.1万円**

叔母：(390万円×20%−25万円)×$\frac{200}{500}$
（控除額）
＝**21.2万円**

❸❷の金額を合計する
＝**29.1万円**＋**21.2万円**＝**50.3万円**

Aさんの贈与税支払額 **50.3万円**

あ と が き

◉ 賢い贈与をするための流れ ◉

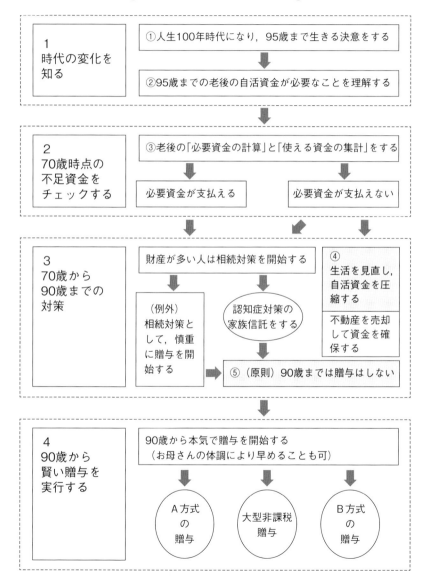

本書のまとめとして，前頁に「賢い贈与をするための流れ」を示します。この中でお母さんが「やること」を以下5点ほどお伝えします。

1．お母さんが時代の変化を知る

　図表のとおり①の決意と②の理解をしてください。

　①　人生100年時代になり，95歳まで生きる決意をする。

　②　95歳までの老後の自活資金の必要なことを理解する。

2．老後の「必要資金」を計算

　お母さんは，まず，7項を参考に，95歳までの実際の「生活費」を計算してください。8項の「介護・医療費」800万円，9項の「老人ホーム」1人1,800万円を加算して「自活資金」を求めます。

　求めた「自活資金」から，「年金受取額」を差引いて，「必要資金」を算出します（11項参照）。

3．使える「資金」の集計

　お母さんのお手持ちの使える「資金」を集計します。21項を参考に記入してください。自分の財布の中身は誰にも知らせたくありませんから，自分で集計してみてください。

4．「必要資金」が支払えないときの見直し

　上記2の「必要資金」が3の使える「資金」よりも多い場合には，「資金」が不足することになります。

　「資金が不足する場合は95歳までの生活が危ぶまれますから，「生活費の見直し」や「老人ホームの対策」など「必要資金」の圧縮が必要です。この作業は今後の人生の方針の決定にも役立ちます。

　また，不動産の所有が多い場合には，「背に腹はかえられません」から，換金処分も決断します。

5．90歳までは贈与はしない

　「資金」が不足しないように，90歳までは贈与をしてはいけません。くれぐれも財布の紐は固く結んでおいてください。

　以上でお母さんの任務は終了です。その他の「相続対策」「不動産の処分の実行」「贈与の実行」などはすべて子供やお孫さんに任せてください。気分を楽にお持ちください。

「スマホでできる相続税速算」

計算はこちらから

相　続　税　速　算　　　　無料

財産総額	万円
負債総額	万円

〈相続人の内訳，人数〉

配偶者	
有	無

配偶者以外の相続人			
続柄	子	父母	兄弟姉妹
人数	人		

以上の入力で計算ができます。

相続税の総額	万円

税理士法人黒木会計への　**税務相談**　のご案内

① 　即答できる事案は無料とします。
② 　調査研究が必要な事案は有料となりますので，見積書をお届けします。
　　お見積もりの金額でよろしければ，その旨，指示頂ければ作業を開始し，
　　回答をお届けします。請求書を同封しますので，お支払いください。

〈下記要領（用紙，形式は自由）で，ご送信下さい。〉

相談申込書　　FAX　082-554-1201　　（会長専用FAX）		
住所	〒	
氏名		
電話		FAX
e-mail		
相談内容		

索 引

【著者紹介】

会長・税理士　**黒木　貞彦**（くろき・さだひこ）

1942年生まれ，1967年広島大学政経学部を卒業。1968年税理士試験に合格し，1970年株式会社黒木会計を創業する。1972年宅地建物取引士試験合格。2002年税理士法人黒木会計を設立し，相続対策指導を重点的に行い，ノウハウを蓄積する。鈴峯女子短期大学講師，広島経済大学講師，広島文化学園大学客員教授（2009年10月から2019年9月まで）を歴任。租税訴訟学会会員。また，日本各地で講演会の講師として活躍中。

論文：「給与所得の必要経費控除について」（日税奨励賞を受賞）他，多数。

著書：『はじめての簿記』，『バブル後の相続対策』（ぎょうせい），『自分でできる相続対策』『アパート経営成功の秘訣』，『事典　幸せをよぶ家相と風水』，『借地権　101年目の改革』（共著），『定期借地住宅のすべて』，『重点的相続対策のすすめ方』，『財産別　贈与のしかた・もらい方』，『土地オーナーのための貸家経営のすすめ』，『老後を自活する相続対策』，『老後を自活する贈与のしかた』，『RA投資マニュアル』，『RA投資の波にのれ』（中央経済社），『法人税の基礎知識』，『決算書がわかる』（共著），『給与計算がわかる』（共著），『小さな会社のM&A』，『パソコン簿記の基本』（実業之日本社），『高収益を実現する「新貸家」経営成功の秘訣』（ダイヤモンド社），『幸運を招く家相と風水』，『電車で読める簿記の本』（インターフィールド），『トラブルに学ぶ　税理士事務所の事業継承』（清文社）他，多数がある。

代表・税理士　**黒木　寛峰**（くろき・ひろみね）

1967年生まれ，1989年神戸大学経営学部卒業，1992年広島経済大学大学院・経済学研究科経済学専攻博士課程前期終了　経済学修士。1990年株式会社黒木会計（現広島M&Aセンター株式会社）取締役に就任。1992年鈴峯女子短期大学非常勤講師（1997年まで）。1998年税理士登録，2002年総合顧問株式会社代表取締役，税理士法人黒木会計代表社員に就任し，広島県宅地建物取引業協会・法定講習講師を務め，現在に至る。

得意分野：資産税・相続税対策，事業計画の立案，個人事業主・資産家の方の創業支援。

税理士法人　黒木会計

連絡先：〒732-0064　広島市東区牛田南1-8-40
　　　　TEL. 082（227）0234　FAX. 082（227）0237
　　　　E-mail　info@kuroki-kaikei.com

黒木会計　検索　　　黒木貞彦　検索

お母さんの賢い贈与

2021年8月5日　第1版第1刷発行

編　者　税理士法人黒木会計
発行者　山　　本　　　　継
発行所　㈱中　央　経　済　社
発売元　㈱中央経済グループ
　　　　パ ブ リ ッ シ ン グ

〒101-0051　東京都千代田区神田神保町1-31-2
電話　03 (3293) 3371(編集代表)
03 (3293) 3381(営業代表)
https://www.chuokeizai.co.jp
印刷／東光整版印刷㈱
製本／㈲井上製本所

© 2021
Printed in Japan